はじめに

本問題集は、「新プライベートバンキング―プライマリーPB資格試験対応―」（以下「テキスト」という、編者：公益社団法人日本証券アナリスト協会）に関し、内容の理解を深め、知識の定着を図るとともに、資格試験合格を目指す方々の参考に資することを目的に刊行したものです。テキストの各分冊に対応し、本問題集も３分冊構成としており、両者を併用して学習することが合格を確実とする有効な手段になると考えています。

このような位置づけから、問題はテキストの章・節に対応して作成するとともに（本問題集の目次参照）、問題・解答・解説の執筆にあたり、同協会の許諾を得て、テキストおよびプライマリーPB試験CBTサンプル問題集をできる限り参照・引用していますが、あり得る誤りを含め、本問題集の記述についての責任は専ら当社にあることを申し添えます。

ときわ総合サービス株式会社

目　次（第1分冊）

第1編

顧客とのかかわりと職業倫理・行為基準

資産形成の経緯の確認

問１　顧客の資産形成の経緯を確認する目的や方法について、正しくないものはどれですか。

A．資産形成の経緯を確認することにより、マネーロンダリングで問題のある顧客を排除することができ、包括的な提案に必要な顧客の基礎情報を収集することができる。

B．オーナー企業経営者の場合には、事業を中心に話を聴くことを心掛け、顧客の信頼を得るきっかけを失わないよう、この時点では証券投資の話題については慎むことが望ましい。

C．顧客を知るプロセスでは、事業の成功体験などを尋ねることにより、顧客との会話をスムーズに始めることができる。この時、顧客の話には批判的なコメントは挟まず、カウンセラーのように終始うなずきながら必要な情報を聴き取ることが大切である。

D．会社のウェブサイトを見れば、いつどのような分野で大型の投資を行ったかを確認できるので、顧客が何を大切に経営しているのか、どのような判断基準に基づいて意思決定をしているのかについて、あえて確認する必要はない。

選択肢の説明

A．適切。

B．適切。

C．適切。

D．不適切。顧客が何を大切にして事業を経営しているのか、どのような判断基準に基づいて意思決定をしているのかという質問に対する回答の中には、有価証券投資に関する顧客の好みやリスク許容度など、投資提案の際に必要となる情報が潜んでいるため、顧客への有効なアプローチ材料となる。

正解　D

解説　テキスト第１分冊　10頁～12頁参照

顧客を知るプロセスにおいては、顧客の資産形成の経緯を確認することにより、マネーロンダリングで問題のある顧客の排除が可能となり、包括的な提案に必要な顧客の基礎情報を収集することができる。また、一度行った提案も環境の変化に合わせて適時見直すことを怠れば、PB（プライベートバンカー）のサービスの対象となる顧客の資産規模は大きいだけに、多額の機会損失に繋がるおそれがあることにも注意が必要である。顧客の資産形成の経緯を確認する方法は、次のとおりである。

⑴　過去の事業や投資の成功・失敗体験を聴く

事業の成功体験などの話題をきっかけにすることで、顧客との会話をスムーズに始めることができる。その際には、顧客の話を批判的なコメントでさえぎらず、カウンセラーのように終始うなずきながら、必要な情報を聴き取ることが大切である。投資提案の情報収集との誤解を受ければ、顧客の信頼を得るきっかけを失うことになるため、この時点では証券投資に関する話は慎むことが望ましい。また、資産形成の経緯を確認することで、マネーロンダリングで問題のある顧客を排除することができ、包括的提案に必要な顧客の基礎情報も入手できるというメリットもある。

⑵　事業や投資の基本的な考え方や哲学を聴く

顧客が何を大切にして事業を経営しているのか、どのような判断基準に基づいて意思決定をしているのかを確認することが重要である。ウェブサイトなどで会社の沿革を見れば、いつ大型の投資を行ったかを確認することができる。こうした事業の投資に関する質問を行うことを通じて得られる回答の中には、顧客の証券投資に対する好みや主観的リスク許容度などの情報が潜んでいる。

Old MoneyとNew Moneyの違い

問2　Old MoneyとNew Moneyに関する記述について、適切でないものはどれですか。

A．一般的にはOld Moneyとは先祖代々継承してきた資産を、New Moneyとは一代で成した資産を意味している。

B．一般的にはOld Moneyは守りが中心の運用となり、New Moneyは自分が納得できるリスクなら果敢に取る傾向がある。

C．創業者であっても事業を売却して引退し、売却代金を取り崩して生活をしている場合には、実質Old Moneyと考えるべきである。

D．顧客の投資目的や投資スタイルを知るにあたっては、顧客が創業者であるか、2代目以降であるかを確認すれば、Old MoneyとNew Moneyとを見分けることができる。

選択肢の説明

A．適切。

B．適切。

C．適切。

D．不適切。顧客が創業者か2代目以降かどうかと形式的に判断するのではなく、事業の継続的キャッシュフローをみて、リスクのある事業投資をしているかどうかという観点から判断することが必要である。

正解　D

解説　テキスト第1分冊　11頁～12頁参照

Old MoneyとNew Moneyの違いを理解することは、投資目的や投資スタイルを知るうえで重要である。

Old Moneyは先祖代々継承してきた財産（またはその所有者）、New Moneyは一代で成した財産（またはその所有者）を意味する。

一般的な傾向としてOld Moneyは守りが中心の運用となり、必要最小限のリスクしか取りたがらない。一方、New Moneyは過去の成功体験に照らし、自分が納得できるリスクなら果敢に取る。顧客が創業者か2代目以降かどうかと形式的に判断するのではなく、事業の継続的キャッシュフローをみて、リスクのある事業投資をしているかどうかという観点から判断することが必要である。

資産の現状の確認

問3　顧客の資産の現状を確認する方法について、正しいものはどれですか。

A．顧客の事業の経常資金収支が赤字か黒字かを判断し、恒常的に赤字なら、早めに資金を確保する必要があるため、多少のリスクを取っても、資金を増やすことが望ましい。

B．顧客の事業の経常資金支出の動向によっては、経営者個人の資産が、顧客の事業への最後の貸し手の役割を果たすため、顧客の事業の経常収支も確認することが望ましい。

C．純資産の規模が大きいほど、リスク許容度は高いと判断できるため、上場を果たした起業家の場合には、持ち株を含めた純資産の規模が投資可能な流動資産の金額となる。

D．総合的タックスプランニングの提案には、資産の保有形態や持ち分を確認し課題を探る必要があるが、一度行った提案については、顧客の信頼を失うことを避けるため見直しを行わない方が望ましい。

選択肢の説明

A．不適切。顧客の事業の経常資金収支が恒常的に赤字である場合には、向こう5年以内の生活資金不足額について、元本保全と流動性の確保を図る必要がある。資金の運用にあたっては、価格変動リスクや流動性リスクを取ることを控えなければならない。

B．適切。

C．不適切。純資産の規模が大きいほど、リスク許容度は高いと判断できるが、上場を果たした起業家の場合には、持ち株比率を一定以下に下げることができないため、売却できない持ち株などを除いて、投資可能な流動資産の規模を把握することが重要である。

D．不適切。総合的タックスプランニングの提案では、資産の保有形態や持ち分を確認し課題を探る必要がある。過去に実施した提案については、環境の変化に応じて最善ではなくなる可能性も高いため、適時見直しを行う必要がある。

正解　B

解説　テキスト第1分冊　12頁～14頁参照

顧客の資産の現状を確認することは、最善の提案を行ううえで重要なプロセスであり、一度行った提案も環境の変化に合わせて適時見直しを行うことが必要となる。見直しを怠れば資産規模が大きいため機会損失も多額になる。顧客の資産の現状を確認する際の注意点は、次のとおりである。

(1)　経常資金の収支を確認する

経常資金収支が恒常的に赤字なら、向こう5年以内の生活資金不足額については、運用する前に預金やMRFなどで元本保全と流動性の確保を図る必要があり、価格変動リスクや流動性リスクを取ることを控えなければならない。さらに、赤字規模の大小や赤字の原因が構造的か循環的かなど、赤字資金の規模や性質も総合的に把握しなければならない。経常資金収支の確認は、顧客個人だけではなく、顧客が支配し経営する事業に対しても行う必要がある。経営者個人の流動資産は、自らの事業への最後の貸し手の役割を果たし、会社の経常資金支出の動向によっては、会社の資金繰りニーズに経営者は常に対応せざるを得ないからである。

(2)　資産・負債の総額を把握する

純資産額の規模が大きければ大きいほど、投資家のリスク許容度は高いといわれている。より正確にリスク許容度を把握するには、将来の引退後生活不足資金や未払相続税額という将来の負債も現在価値に引き直して資産から控除する、生命保険の予想受取額を資産に加算する、といった微調整も必要となる。年金で用いられているALM（＝Assets and Liabilities Management）の手法は、今後、富裕層に対して導入されてしかるべき資産管理ツールといえる。

資金繰りリスクの観点から、純資産規模に見合った当座資産（個人の場合は現預金および売却可能有価証券）の規模の大きさも重要となる。新規上場を果たした起業家が現役社長の場合、経営上の理由から持ち株比率を一定以下に引き下げられないことが多い。このため、純粋な意味で投資可能な流動資産の規模を把握するには、売却できない株式の金額を控除して判断する必要がある。

(3) 資産の保有形態を確認する

総合的タックスプランニングを効果的に提案するには、資産のみならず保有形態や持ち分からも課題を探り、改善の余地を検討する。過去に実施した提案は、環境の変化に応じて最善ではなくなる可能性も高いため、適時見直しを行う必要がある。

グローバル化が加速する中、一族の居住地および事業資産の所在地が国外に移り、グローバル・タックス・プランニング活用の余地が生じている場合、PB業務に携わる者は、競合する金融機関とのサービス差別化を示すことのできるこうした機会を逃してはならない。

プライベートバンカーに求められる傾聴力

問４　顧客の課題（懸念事項）を聴くうえの注意点について、適切でないものはどれですか。

A．顧客本人の懸念事項を確認することから始め、次いで近親者の抱える問題を確認するアプローチが望ましい。

B．近親者に病気等による支援が必要なため、顧客本人の活動に制約が生じる場合には、近親者の平均余命年数以上の生活費を賄える準備がされているかを確認する必要がある。

C．子供や孫の教育や留学といった課題も悩みの１つであるため、顧客の気持ちに共感し必要な支援を行うことも必要である。

D．オーナーのメッセージの裏に隠されている後継者育成への複雑な想いには、とくに傾聴を心掛け、深く思いを共有することが大事である。

選択肢の説明

A．不適切。顧客本人の懸念事項を開示することには消極的な場合が多いため、まず近親者の抱える課題を聴いて真摯に共有し、徐々に本人の懸念を聴き出すようなアプローチが望ましい。

B．適切。

C．適切。

D．適切。

正解　A

解説　テキスト第１分冊　15頁～18頁参照

顧客が懸念している事項を聴くためには、顧客との共感形成が必要となるので、近親者の抱える課題を聴くことから始め、徐々に本人の懸念を聴き出すようなアプローチが望ましい。顧客の懸念事項として、確認すべき主な項目は、次のとおりである。

項　目	内　　容
健康に関する課題	病気等に対する支援が必要な近親者の状態が改善しない場合には、その者の平均余命年数以上の生活費を賄える準備がなされているかを確認する必要がある。近親者の健康上の課題を共有したのちに、顧客本人の健康上の課題を聴く機会を設けることが大切である。
子供や孫の教育の課題	子供や孫の教育や留学に関するニーズへの対応も不可欠である。PB担当者は顧客の気持ちに共感し、自らの人脈を活用して必要な支援を提供することが必要である。
後継者に関する課題	オーナーのメッセージの裏に隠されている後継者育成に関する複雑な想いには、とくに傾聴を心掛け、深く思いを共有することが重要である。

顧客の意思決定への阻害要因

問5　顧客の意思決定を阻害する「4つの心のハードル」について、適切でないものはどれですか。

A.「不信」のハードルは、売り手を信用できないという、買い手の抱く拒絶反応であるが、大手金融機関に属していれば、そのブランドを使うことで比較的簡単に越えることができるハードルである。

B.「不要」のハードルは、売り手の指摘するような課題を持っていないという買い手の拒絶反応であるが、顧客の課題を一つひとつ丁寧に聴き、相互に確認できれば越えることができるハードルである。

C.「不適」のハードルは、いったんは共有した課題に対する売り手の提示する解決策が買い手にとって適切ではないとする買い手の拒絶反応であるが、このハードルを越えるためには、ゲートキーパーや顧問税理士を通すことなく、直接、意思決定者に判断を迫るアプローチが有効である。

D.「不急」のハードルは、PB担当者から指摘した課題は正しく課題に対する解決策も最善であると顧客に理解されているものの、まだ時間もあるし、急ぐ必要はないというものであり、このハードルを越えるのは一番難しいといえる。

選択肢の説明

A. 適切。

B. 適切。

C. 不適切。不適のハードルは、一度は共有した課題に対する売り手の提示する解決策が買い手にとって適切ではないとする買い手の拒絶反応である。このハードルを越えるには、社内のゲートキーパーや顧問税理士を説得し、提案内容への関係者の合意を取り付けて、最終意思決定者に判断を迫るアプローチが有効である。

D. 適切。

正解　C

解説　テキスト第１分冊　18頁～20頁参照

PB担当者が良いソリューションを提供しても、顧客が心の壁に阻まれて意思決定をしてくれないと、双方にとって時間の無駄となる。顧客の意思決定の阻害要因となる「４つの心のハードル」は、次のとおりである。

⑴　「不信」のハードル

売り手を信用できないという、買い手の抱く拒絶反応である。これを越えるためには、既存顧客から紹介してもらうことが有効である。もっとも、このハードルは、大手金融機関に勤務していれば、そのブランドを使うことで越えることができる。組織に属していない場合は、専門書の出版や顧客が信頼する講演会に登壇するといった活動が有効である。

⑵　「不要」のハードル

売り手が指摘するような課題は持っていないという買い手の拒絶反応である。このハードルは、顧客の課題を一つひとつ丁寧に聴き、相互に確認できれば解決できる。

⑶　「不適」のハードル

一度は共有した課題に対して売り手の提示する解決策が適切ではないとする買い手の拒絶反応である。これを越えるには、顧客にセカンドオピニオンを取らせることや、社内のゲートキーパーや顧問税理士を説得することにより、「外堀を埋めて」最終意思決定者に判断を迫るアプローチが有効である。

⑷　「不急」のハードル

買い手からPB担当者が信頼され、指摘された課題も正しく、解決策も最善であると理解されているものの、「まだ時間もあるし、急ぐ必要はない」という、買い手の拒絶反応である。この心の壁を越えることが最も難しいともいえる。この不急の壁を越えるには、顧客の課題（懸念）だけでなく、夢の実現も合わせてコミュニケーションを進めることが有効である。

既存顧客のメンテナンス

問６　効果的な顧客コミュニケーション手法の確立を通じた、既存顧客のメンテナンス方法について、正しくないものはどれですか。

A．顧客とのコミュニケーションは、顧客の求める手段に合わせることが必要であるため、顧客に事前にコミュニケーション方法について確認し合意しておくことが大切である。

B．運用報告や顧客への提案などについては、顧客からとくに要求がない限り、メールで送信して必要な時間に確認してもらえば十分である。

C．顧客に提供するコンテンツは、財務分野と非財務分野に分けて、顧客に情報を選択してもらうことが有効である。財務分野のコンテンツのうち、市場関係以外の一般情報では、法律や税制といった顧客の関心の高い情報を弁護士や税理士のコメントを付して提供することも有効である。

D．顧客とのコミュニケーションについては、顧客の要請に応じて面談時間を取るのが原則である。預かり資産の規模が５億円前後の顧客であれば、少なくとも年２回程度は面談の機会を設けるべきである。

選択肢の説明

A．適切。

B．不適切。市場・税制情報など一般的な情報の提供は、顧客から特に要求がない限り、メールで送信して顧客が必要な時間に確認してもらえば十分であるが、運用報告や顧客への提案については、対面でのコミュニケーションが不可欠である。

C．適切。

D．適切。

正解　B

解説　テキスト第１分冊　21頁～22頁参照

効果的な顧客とのコミュニケーション手法を確立するにあたり、既存顧客のメンテナンス方法の注意点は、次のとおりである。

⑴　顧客とのコミュニケーション手段

顧客とのコミュニケーションは、顧客の求める手段に合わせることが基本であり、効果的に行うためには、あらかじめ顧客とコミュニケーション方法について確認し、合意しておくことが大切である。運用報告や提案などでは、対面でのコミュニケーションが不可欠であるが、単なる情報伝達の目的であれば、面談以外の手段を選ぶことが適切な場合もある。

⑵　顧客に提供するコンテンツ

提供するコンテンツは、財務分野と非財務分野に分けて、提供メニューをリストアップし、顧客に情報を選択してもらうことが有効である。財務分野では、市場系情報とその他の一般情報に分け、①市場系情報では金融機関独自のコンテンツに加え商品を取り扱っている投信委託会社の情報を、②一般情報では顧客の関心の高い制度変更に伴う情報の提供を、それぞれ検討すべきである。非財務分野では、健康、娯楽、教育の情報提供が主要テーマになる。

⑶　顧客とのコミュニケーションの頻度

顧客とのコミュニケーションについては、顧客の要請があればできる限り早く面談の時間を取るのが原則である。預かり資産の規模が５億円前後の顧客であれば、少なくとも年２回程度は面談の機会を設ける必要がある。

新規顧客開拓・データベースと管理サイクル

問７　新規顧客開拓に関する記述について、正しくないものはどれですか。

A．新規顧客を獲得するためには、講演や出版などの積極的な営業活動が最も効果的である。

B．予算額と成約率でアプローチする顧客の優先順位を決定してからアプローチを行うが、新規アプローチ先へは、一定の営業時間を必ず配分しなければならない。

C．金融資産１～３億円の顧客については、費用対効果を考慮し職業特性・ライフスタイル・ライフステージなどの効果的セグメントの切り口をあらかじめ決定しておく必要がある。

D．PDCAサイクルを回して生産性を継続的に改善していくことが重要である。

選択肢の説明

A．不適切。新規顧客開拓においては、既存顧客からの紹介が有効かつ重要なルートであり、既存顧客の満足度向上は新規顧客の増加に直結する。

B．適切。

C．適切。

D．適切。

正解　A

解説　テキスト第１分冊　22頁～25頁参照

新規顧客開拓においては、既存顧客からの紹介は極めて有効かつ重要なルートである。その意味で既存顧客の満足度向上が新規顧客の増加に直結する。

資産規模が１～３億円の顧客については、不採算取引を防ぐためにも、費用対効果を考慮し職業特性・ライフスタイル・ライフステージなどの効果的セグメントの切り口をあらかじめ決定しておく必要がある。

PB業務に携わる者は、顧客管理のためのPDCAサイクルを回して生産性を継続的に改善していくことが重要である。

P（計画）段階…ターゲット顧客別に目標とする収入金額を予算化し、営業活動に必要な時間の計算、顧客別・商品アイテム別成約率の設定と活動計画を立案する。

D（実行）段階…予算額と成約率で顧客の優先順位を決定してからアプローチすること、新規先に一定の営業時間を配分すること、等に注意を払う必要がある。

C（評価）段階…ターゲットの置き方、成約のプロセスの適否、成約率向上のポイント、他の金融機関からのアプローチに注意し、予算と実績の差を検証する必要がある。

A（改善）段階…チームのメンバーが個々の営業成果を持ち寄ることで検討に必要なサンプル数が増加し改善提案の質も向上する。

組織内外のプロフェッショナルとの連携

問8　自分の得意な技を周知させる仕掛けづくりについて、正しくないものはどれですか。

A．信頼を得た既存顧客から、新規顧客を紹介してもらうことは顧客獲得の確実な手法である。

B．富裕層は、自分に対してサービスを売り込もうとする人間が多いため、そうした者に対して強い懐疑心を持っている。それ故、売り込みよりも顧客が自律的に引き寄せられるアプローチが重要となる。

C．特定の富裕層セグメントで認知を得る方法として、その人達に好んで読まれている雑誌に、自分の得意分野を活かして連載記事を寄稿することにより、専門家からのお墨付きを得ることも有効な方法である。

D．富裕層の集う勉強会に講師として招いてくれる特定セグメントのインサイダーを見つけ、Raving Fan（圧倒的なファンや支持者）となってもらっても、顧客開拓面での効果は限られ大きな期待はできない。

選択肢の説明

A．適切。

B．適切。

C．適切。

D．不適切。Raving Fan（圧倒的なファンや支持者）を作ることは、顧客紹介の連鎖を生み出すうえで鍵となる。

正解　D

解説　テキスト第1分冊　25頁～26頁参照

PB業務は、個人の力量に加え、チームの集団としての力と支援態勢の充実が重要である。

また、チームのメンバーや外部の専門家から様々な案件を持ち込んでもらうために次のような仕掛け作りも必要となる。

(1)　ノウハウのドキュメント（文章）化

過去の実績をドキュメント化することで、自分のノウハウを精緻化し、チームのメンバーに教え、知恵を共有してもらうことで、自分の得意な分野を強化し周知させることができる。

(2)　メディアへの効果的な露出の演出

富裕層は、商品やサービスを売り込もうとする者に対して、厳しい選別眼と強い懐疑心を持っているため、売り込みより顧客を引き付けることが重要となる。富裕層市場でのメディア露出を検討する場合には、特定の顧客セグメントに絞り込んだ媒体に、自分のノウハウを提供し顧客開拓を行うことが効果的である。

(3)　専門家からのお墨付きを得る

特定の富裕層セグメントで認知を得る方法として、その人達に好んで読まれている雑誌に連載記事を寄稿することにより、同セグメントの定期的な勉強会に講師として招かれるようにアピールすることなどが有効である。

Raving Fan（圧倒的なファンや支持者）を作る方法

問9　PB業務において、「Raving Fan（圧倒的なファンや支持者）」になってもらうためのアプローチ方法について、正しいものはどれですか。

A．紹介を受ける人物に対する先入観を持たないよう、特徴や注意すべき点などについての事前調査はできるだけ控えるべきである。

B．相手が課題としていることに対して、共感を持って傾聴することが重要である。

C．相手から直接依頼された案件についての情報提供が重要であるため、その周辺の課題については相手から依頼があってから情報提供すべきである。

D．きめ細かな情報を、Give & Takeの精神で提供し続けることが重要である。

選択肢の説明

A．不適切。紹介を受ける人物の特徴や注意すべき点などを、紹介者から事前に十分聴いておくべきである。

B．適切。相手が課題としていることに対しては、反論せずに共感を持って傾聴することが重要である。

C．不適切。相手から直接依頼された案件だけではなく、その周辺の課題についても情報提供するように心掛けるべきである。

D．不適切。短期的な見返りは一切期待せずに、きめ細かな情報をGive & Giveの精神で提供し続けることが重要である。

正解　B

解説　テキスト第１分冊　26頁〜27頁参照

Raving Fan（圧倒的なファンや支持者）を作るには、顧客に好きになってもらうことが必要である。そのためには、顧客が大切にしている価値観などを知り、顧客の人生の目標を実現するために献身的な努力を尽くすことが有効といえる。アプローチの際に心掛けるべき事項は、次のとおりである。

① 紹介を受ける人物の特徴や注意すべき点を、紹介者から事前に十分聴いておくこと
② 共感を持って相手の課題を傾聴すること
③ 相手から直接依頼された案件だけではなく、その周辺の課題についても情報提供するように心掛けること
④ きめ細かな情報を、短期的には見返りを一切期待せずに愚直に与え続ける、Give & Give（献身的な努力）の精神で提供し続けること

PB顧客の多くは、既に人生の後半に入っており、残りの人生を考慮して「誰と時間を過ごすか」を基準に付き合う人を選択しているため、このような心掛けで接することが重要となる。

社外のネットワークの活用

問10　PB業務において、社外のネットワークを活用する場合の合理的なルール等に関し、適切でないものはどれですか。

A．顧客にもたらす付加価値を極大化するためには、戦略的な提携関係にある外部プロフェッショナルの支援を仰ぐことが不可欠である。

B．パートナーである外部プロフェッショナルを顧客に紹介する場合に、双方の合意があれば初回は無報酬で面談の際に同席してもらっても問題ない。

C．顧客を紹介するのだから、地方出張の場合には、例外なく交通費はパートナーである外部プロフェッショナルが負担すべきである。

D．顧客が躊躇することなく、外部プロフェッショナルを交えて課題の検討へ話を進めることができるようにするため、報酬規定など事前に合意した合理的なルールが必要である。

選択肢の説明

A．適切。自らの活動時間で顧客にもたらす付加価値を極大化するためには、戦略的な提携関係にある外部プロフェッショナルの支援を仰ぐことが不可欠である。

B．適切。

C．不適切。地方出張の場合には、顧客による交通費等実費負担を条件として、パートナーである外部プロフェッショナルに同行してもらうようにしても構わない。

D．適切。報酬規定など双方で事前に合意した合理的なルールがあることにより、顧客は躊躇することなく、外部プロフェッショナルを交え課題の検討に向けて話を進めることができる。

正解　C

解説　テキスト第１分冊　27頁参照

自らの活動時間の範囲内で、顧客にもたらす付加価値を極大化するためには、戦略的な提携関係にあるプロフェッショナル・ネットワークの支援を仰ぐことが不可欠である。その場合には合理的なルールに基づく機動的な支援の仕組みが重要となる。

外部プロフェッショナルを顧客に紹介する場合には、スケジュール調整にも配慮し、初回であれば無報酬で面談の際に同席してもらうようにする一方、地方への出張については、顧客に交通費などの実費を負担してもらうことを同行の条件とすることが望ましい。このように事前に合意した合理的なルールがあれば、顧客としても躊躇することなく、外部プロフェッショナルを交えて課題の検討へ話を進めることができる。

PB担当者の役割と目指すべきゴール

問11　プライベートバンカーに求められる３つのC（Counselor・Consultant・Coach）の役割に関する説明について、適切でないものはどれですか。

A．「Counselor」として、顧客のライフデザインを顧客自身の手で描けるように支援する役割がある。

B．「Consultant」として、顧客のライフデザインが明確になった後、財務シミュレーションを繰り返して、老後資金が持ちこたえられるプランを検討し、顧客に提案する役割がある。

C．顧客が自分の思いを具体的にイメージできるよう、PB担当者には、自分自身が正しいと思う生き方や価値観を積極的にアドバイスし、顧客を指導する「Coach」としての役割がある。

D．「ファイナンシャルコーチ」として、顧客の不安や疑問を常に解消し、長期資産形成の伴走者として、正しい資産運用が継続できるよう顧客を導く役割がある。

選択肢の説明

A．適切。PB担当者は、顧客のライフデザインを顧客自身の手で描けるように支援する「カウンセラー」としての役割がある。

B．適切。PB担当者は、顧客のライフデザインが明確になった後に、財務シミュレーションを繰り返して、老後資金が持ちこたえられるプランを検討する「コンサルタント」としての役割がある。

C．不適切。PB担当者が、顧客が自分の思いを具体的にイメージできるよう支援することは、顧客の価値観を明確にするプロセスともいえる。PB担当者には、自分の価値観に基づいて指導するのではなく、顧客の話を傾聴し、顧客の思いを言語化するのを支援することが求められる。これは「コーチ」ではなく「カウンセラー」の役割である。

D．適切。PB担当者は、長期資産形成の伴走者として、顧客が不安を乗り越え、本来の正しい資産運用が継続できるように、「ファイナンシャルコーチ」として、顧客を導く役割がある。

正解　C

解説　テキスト第１分冊　27頁～30頁参照

顧客（Client）の人生の夢を実現するうえでPB担当者が果たすべき３つのCの役割は、次のとおりである。

(1)　Counselor（カウンセラー）としての役割

顧客のライフデザイン（人生の設計図）を顧客自身の手で描けるよう支援することで、顧客の価値観を明確にするプロセスである。傾聴により顧客の反応を探りながら、顧客の思いを言語化したり具体的にイメージしたりできるよう支援する。

(2)　Consultant（コンサルタント）としての役割

顧客のライフスタイルに基づく財務シミュレーションを行い、次の３つの変数を動かしながら、老後資金が枯渇しないようなプランの検討を支援する。

①　退職時期の延長
②　ライフスタイル・コストの見直し
③　アセットアロケーションの抜本的見直し、具体的な商品提案の実行

(3)　Coach（コーチ）としての役割

Financial Coach（ファイナンシャルコーチ）として、顧客の長期の資産形成における伴走者として、市場のリスクに翻弄されないように支援し、正しい長期運用が継続できるよう導く。

FB(ファミリービジネス)の概要

問12　FB(ファミリービジネス)に関する説明として、正しくないものはどれですか。

A．上場企業の場合、FBは非FBに比べ経営のパフォーマンスは高いが、バラつきは大きい傾向にある。

B．FBは、一族株主集団の存在により、長期の視点に立った経営戦略の実行と迅速な意思決定が可能である。

C．FBは世代を重ねるにつれ、存続率が低下する傾向にある。

D．FBの存続において外部要因は影響しない。

選択肢の説明

A．適切。

B．適切。

C．適切。

D．不適切。FBの存続には、一族メンバーの求心力低下といった内部要因のほかに、経営環境の変化といった外部要因も影響している。

正解　D

解説　テキスト第1分冊　33頁～35頁参照

⑴　FBの強さ

上場企業の場合、FBは非FBに比べ平均で見た経営のパフォーマンスは高いが、一族の統治体制の良し悪しがFBの経営体制の良し悪しに反映されやすい。そのためバラつきは非FBより大きいといわれている。また、一族株主集団の存在により、長期の視点に立った経営戦略の実行と迅速な意思決定が可能である。

⑵　FBが抱える課題

FBは世代を経るごとに存続率が低下する傾向にある。その理由は次の2つの要因を背景に、一族メンバーの求心力が失われるからである。すなわち、①創業者との関係が希薄になるにつれ、創業者の理念や創業の苦しみ、一族間で共有すべき行動原理などが失われやすいこと、②世代を重ねるごとに絆が希薄化しやすいこと、がその理由としてあげられる。また、時間の経過とともに外部環境が大きく変化していくこともFB存続にとって阻害要因となる。

スリーサークルモデルの活用

問13　FB関係者間の利害関係をモデル化したスリーサークルモデルに関する説明として、正しくないものはどれですか。

A．FBのスリーサークルモデルとは、株主、家族（一族）、経営の3つのサークルの交わりからできる領域に、FBの主要な関係者を当てはめて、潜在的な利害関係を整理する手法である。

B．スリーサークルモデルを早期警戒警報装置として用い、一族株主間の利害の対立点を予め予想することにより、一族の問題にいち早く手を打つことができる。

C．スリーサークルモデルにおいて、株主、家族、経営の3要素を全て満たしているFBの一族で最大株主かつ最高経営責任者である者（社長等）は、内部留保の充実よりも配当を重視する傾向があるといわれている。

D．経営に関わらない一族の株主（例、一族から他家に嫁いだ姉など）は、高い配当を要求する傾向があるといわれている。

選択肢の説明

A．適切。米国のFB研究学者であるJohn A. Davis教授（MITスローンスクール）が提唱した、FB関係者の潜在的対立の可能性を予想し対処するための有効な分析フレームワークである。

B．適切。

C．不適切。一族が期待している「安定配当額以上の配当増額支払い」による社外流出を抑えて、長期的な内部留保の充実を目指す傾向があるといわれている。

D．適切。

正解　C

解説　テキスト第１分冊　36頁〜37頁参照

スリーサークルモデルは下図のとおりである。

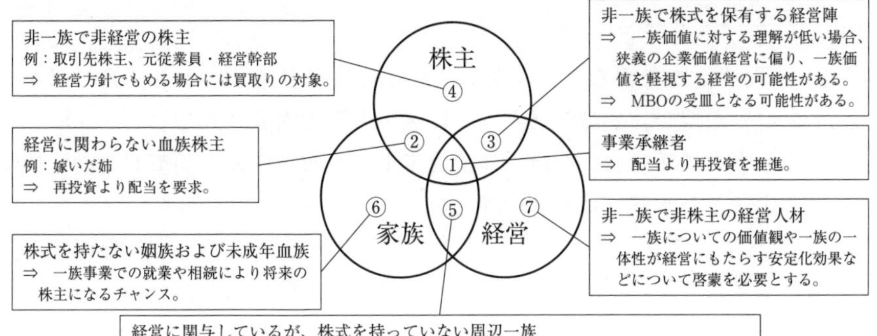

FBの本来あるべき事業承継プロセス

問14　FB一族の事業承継プロセスに関する説明として、正しいものはどれですか。

A．FBの永続化に資するという文脈における無形資産は、専ら一族の個々のメンバーが持つ、知識・スキル・経験・人脈で構成される。

B．一族の事業承継においては、無形資産よりも有形資産を効率的に後継世代に遺すことが承継プロセスの鍵となる。

C．FBを支援するプライベートバンカーは、財務分野に加え、非財務分野の専門家として、包括的なサービスを提供できなければならない。

D．無形資産は一族が適切に培い育めば、世代を重ねるごとに一族にとって重要な資産となり得るものである。

選択肢の説明

A．不適切。FBの永続化に資するという文脈における無形資産は、①一族の個々のメンバーが持つ、知識・スキル・経験・人脈、②一族の一体性、③一族として社会から得ている信頼・評判、およびその結果得られる特別な社会的・経済的地位、の3つから構成される。

B．不適切。無形資産を後継世代に遺すことは、一族の持続的競争力の源泉となり、極めて重要である。

C．不適切。プライベートバンカーは必ずしも非財務分野の専門家である必要はなく、専門家と協力することで、顧客に対しより高い価値を提供できればよい。

D．適切。

正解　D

解説　テキスト第1分冊　38頁参照

FB一族の事業承継においては、有形資産だけでなく無形資産も重要である。無形資産とは、FBの永続化に資するという文脈で以下の3つに分類して理解することが重要である。

・一族の個々のメンバーが持つ、知識・スキル・経験・人脈
・一族の一体性（理念を共有する一族同士の共同行動によって個々のメンバーが持つ無形資産が醸し出す相乗効果）
・一族として社会から得ている信頼・評判、およびその結果から得られる特別な社会的・経済的地位の維持・強化

こうした無形資産は目に見えないため他者には模倣されず、一族の持続的競争力の源泉になり得る。また、こうした無形資産は一族が適切に培い育めば、世代を重ねるごとに拡充する資産となり得るため、選択肢の拡充や経営の自由度向上に資するものとなる。

FBのガバナンスと課題

問15　FBのガバナンスとその課題の説明として、正しくないものはどれですか。

A．FBのガバナンス構造は、ファミリーガバナンスを基底にコーポレートガバナンスが乗っている２層構造となっている。

B．個人の財務対応力の限界や高まる専門経営者への要請、後継者世代の職業選択自由の確保はFBのコーポレートガバナンスの大きな課題となっている。

C．グローバル化やDX化などの事業環境の変化はFBのコーポレートガバナンスの課題とはいえない。

D．コーポレートガバナンス改革は上場会社への導入が端緒となったが、非上場FBも市場で上場会社と競争している以上、免れられるものではない。

選択肢の説明

A．適切。FBのガバナンス構造は、「ガバナンスの２層構造」を特徴としている。

B．適切。経営環境の変化により、単独株主・単独経営にかかる事業承継モデルには懸念が生じ始めている。

C．不適切。グローバル化やDX化などの事業環境の変化は、経営者に高度な専門能力を求めるものとなっており、１人の経営者で対応することは困難になってきている。

D．適切。

正解　C

解説　テキスト第1分冊　42頁～45頁参照

ファミリーガバナンスとコーポレートガバナンスの関係性およびコーポレートガバナンスの課題は以下のとおりである。

(1)　FBのガバナンス構造は、ファミリーガバナンス（第1層）とコーポレートガバナンス（第2層）の2層構造となっている。

(2)　日本のFBにおける単独株主・単独経営による事業承継が限界を迎えている要因は以下3つである。

①　個人としての財務対応力には限界がある。

②　グローバル化やDX化により経営者はより高度な専門能力が必要とされ、1人の経営者で対応することは困難になってきている。

③　後継者の職業選択の自由を確保しなければならない。

(3)　コーポレートガバナンス改革は上場会社への導入が端緒となったが、市場において非上場FBも上場会社と競争している以上、現在、資本市場で推進されているコーポレートガバナンス改革の影響から免れられるわけではなく、一族の強い絆を基底としたコーポレートガバナンスの強化が求められている。

ファミリーガバナンスを強化する手法

問16　FBのガバナンスを強化する手法の説明として、正しくないものはどれですか。

A. 家族憲章には、一族の絆を深め、不要なトラブルを未然に防ぐような具体的な内容が明記されている。

B. 一族総会は一族全体でのコミュニケーションを担う組織であり、企業でいえば株主総会にあたる。

C. 一族会議体によるコミュニケーション作りが、コーポレートガバナンスの強化にも繋がる。

D. ファミリーオフィスは一族の資産管理や資産運用といった財務分野に特化した機能を有している。

選択肢の説明

A. 適切。設問に記載した点が、家訓との相違点である。

B. 適切。

C. 適切。

D. 不適切。ファミリーオフィスは、一族の資産管理や資産運用といった財務分野だけでなく、一族の絆の維持やコミュニケーションの強化といった非財務分野の機能も有している。

正解　D

解説　テキスト第1分冊　46頁〜50頁参照

FBのファミリーガバナンスの強化手法は以下のとおりである。

ファミリーガバナンスを強化するには家族憲章、一族会議体といった手法があり、一族会議体によるコミュニケーション作りがコーポレートガバナンスの強化に繋がる。

家族憲章の特徴は次のとおりである。

	家族憲章の特徴
作成プロセス	当世代が作成に関与し、作成プロセスを通じて一族間が理解し合うことに価値がある。
書き換えの可能性	定期的な書き換えを前提とする。
規定の具体性	誰もが具体的な行動を起こすことの規範として用いることができ、関係者は規定を基に予定の行動を取ることができる。そのため、不必要な一族間の争いを回避できる。
規定を運用する会議体の有無	一族総会、一族会議、各種委員会など、規定を具体的に運用したり相談する会議体が常設され、それぞれの会議への参加資格も予め決められている。
背景となる思想	個人の尊厳を前提とし、一族集団の目的との調和を目指している。
一族事業から離脱する時の扱い	一族による株式の買取を通じた株主としての離脱の形を取る（pruning the tree＝株主の剪定と呼ぶ）。

一族会議体とは、一族とFBに関する報告や意思決定、利害対立の調整、交流などを行う一族の集いである。一族会議体は、一族総会(Family Assembly)、一族会議（Family Council)、一族株主委員会（Family Committee）の3種の会議体から構成される。その特徴は次のとおりである。

	一族会議体の特徴
一族総会	一族全体でのコミュニケーションを担う組織。企業でいえば株主総会にあたる。
一族会議	一族に関する実質的な審議と重要な意思決定を担う組織。企業でいえば取締役会にあたる。
一族株主委員会	一族会議の機能をより専門的な領域で補完する組織。企業でいえば取締役会の下部専門組織にあたる。

また、ファミリーオフィスは、一族の資産管理や資産運用に関するプランニングといった財務分野だけでなく、一族の絆の維持やコミュニケーションの強化といった非財務分野の機能も有している。

ファミリーオフィスの主な役割は、次のとおりである。

・統合された税務対策
・投資戦略の立案と実行
・信託の受託者
・リスクマネジメント
・ライフスタイル・マネジメント
・帳簿管理と財務報告
・一族の一体性を確保するための様々なイベントの企画・運営
・一族の慈善活動　など

職業倫理についての考え方

問17　プライベートバンカーの職業倫理について述べた次の記述のうち、正しくないものはどれですか。

A．プライベートバンカーは、顧客のために高い職業上の倫理を持ち、顧客のために最善を尽くすことが求められる。

B．プライベートバンカーは、情報や知識の優位性に乗じて自己の利益を図ってはならない。

C．プライベートバンカーは、安易に他の専門家に頼ることなく、自らの専門的能力の範囲内で、顧客の信頼・信用に応えられるよう、最大限の努力をしなければならない。

D．プライベートバンカーは高度の専門知識を駆使する専門家であり、顧客の信任を受けた専門家が負う義務は信任義務といわれている。

選択肢の説明

A．適切。

B．適切。

C．不適切。プライベートバンカーは、自らの専門的能力に加え、状況に応じ内外の専門家とネットワークを構築するとともに、そうしたネットワークをフルに発揮して、顧客の利益のために最大限の努力をしなければならない。

D．適切。

正解　C

解説　テキスト第１分冊　55頁〜58頁参照

プライベートバンカー（PB）の高い職業倫理の根拠と顧客とのサービス提供契約の関係は、直接的な法規制に求められるものではない。その職業倫理の根拠は、顧客との信頼・信用関係を構築し、維持発展させることにある。また、顧客は専門家であるPBの提供する業務内容を信頼し、その判断に任せる場面が多く存在する。信任を受けた専門家が負う義務のことを信任義務（Fiduciary Duty）といい、PBとしての倫理は、信頼・信用関係を礎に持つ信任義務に基づいている。

PBが、士業や関連業種役職員として行う業務の範囲は、士業の法令や関連業種の法令および組織のルールに従うほか、PBとしての職業倫理も順守することが求められる。

PB資格の認定者である公益社団法人日本証券アナリスト協会は、その職業倫理を具体化した「職業行為基準」を定めている。同基準は、①法令上の基準または義務をより具体化または強化した基準（業界団体の自主規制、当局の指導）、②これらに限られない信任義務に基づく基準から、構成されている。

法令上の規制について

問18　プライベートバンキング業務（PB業務）を行う際の法令や自主規制への対応について、正しくないものはどれですか。

A．PB業務を行う場合には、各法令に抵触しないよう、十分に注意して職務を遂行しなければならない。

B．PB業務を行う場合、各法令に抵触しなければ、業界の自主規制を遵守する必要はない。

C．法令を解釈するうえで通達を調べるなど、常に新しい法令上の知識を身に付けておく必要がある。

D．PB業務を行う場合は、専門家と協力して役割分担をしながら業務を遂行することが不可欠である。

選択肢の説明

A．適切。

B．不適切。PB業務を行う場合に、業界の自主規制があるときは、それを遵守する必要がある。

C．適切。

D．適切。

正解　B

解説　テキスト第1分冊　59頁～60頁参照

PB業務を行う場合には、各法令に抵触しないよう、十分に注意して職務を遂行しなければならない。また、法令を解釈するうえで、行政指導の有無や通達を調べるなど、常に新しい法令上の知識を身に付けておくことが望ましい。さらに業界・業種で自主規制があるときは、それを遵守する必要がある。職務上、自主規制を含め法令的に何ができて何ができないかを常に確認しながら進めることは、最終的には顧客から確固たる信頼・信用を得ることに結びつく。

プライベートバンカーの仕事の性格上、海外の案件に携わる場合には、その国の法令や習慣を理解することも重要である。PB業務は範囲が広く、このようなことをすべて把握するのは不可能に近いため、専門家と協力して役割分担をしながら業務を遂行することが不可欠である。

各種士業の規制法への抵触防止

問19　税理士法および弁護士法に抵触しないようにするため、プライベートバンカーが留意することとして正しくないものはどれですか。

A．税理士法のうち、プライベートバンカーが抵触する可能性が比較的高いのは税務相談である。

B．税制の一般的な内容について回答することは許されるが、個別具体的な内容への回答については「税務相談」に該当する可能性があるため、注意すべきである。

C．弁護士法の「法律事務」に該当することのないよう、一般的情報の提供にとどめておくようにするのが賢明である。

D．プライベートバンカーは、依頼者に弁護士を紹介しても直接的な「紹介料」を受領しないように注意すれば、弁護士法違反に問われることはない。

選択肢の説明

A．適切。

B．適切。

C．適切。

D．不適切。仮に直接的な「紹介料」の授受がなかったとしてもプライベートバンカーは案件全体を通じて営利目的の業務を行っている以上、報酬を得る目的があったという疑いを受けないよう、注意する必要がある。

正解　D

解説　テキスト第１分冊　60頁～66頁参照

各種士業の規制法への抵触防止方法について、税理士法と弁護士法に関する留意点を述べれば以下のとおりである。

税理士法のうち、プライベートバンカーが抵触する可能性が比較的高いのは税務相談である。

「税務相談」の定義
①税務官公署に対する申告等、②税務官公署に対する主張もしくは陳述、または③申告等の作成に関し、租税の課税標準等の計算に関する事項について相談に応ずることをいう。
「相談に応ずる」とは
税理士法に規定する事項（上記①～③）について、具体的な質問に対して答弁し、指示しまたは意見を表明することをいう。

税制の内容や税制改正の情報といった一般的な事項について回答する、あるいは情報提供をすることは許されるが、顧客の状況やニーズに応じた個別具体的な内容となると、原則として「税務相談」に該当し、違法となる可能性がある。

税務相談に該当するのではないかと疑問に感じたときは、税理士や弁護士等の専門家に確認したうえで、当該専門家の意見を伝達するという形式を取ったり、それらの専門家とともに事案を処理したりするよう心がけることである。

弁護士法では、弁護士でない者が、報酬を得る目的で、法律事件について法律事務を取り扱うことを禁じている。

「法律事件」とは
法律上の権利義務に関し争いや疑義があり、または、新たな権利義務関係の発生する案件をいう。
「法律事務」とは
法律上の効果を発生、変更する事項の処理のほか、法律上の効果を保全・明確化する事項の処理をいう。

紛争となる可能性が高いと見込まれている場合や、すでに紛争が発生している事案については、法律上の助言を行うことは避けるべきである。
「報酬を得る目的」で依頼者と弁護士とを仲介する行為は避けるべきであり、仮に直接的な「紹介料」の授受がなかったとしても、プライベートバンカーは案件全体を通じて営利目的の業務を行っていることから、報酬を得る目的があったという疑いを受けないよう、注意を払うことが必要である。

各種士業の規制法への抵触を防止するため、免責文言（ディスクレーマー）を付した資料がみられるが、適否は具体的なアドバイスの内容について判断されるため、免責文言があれば抵触を免れると考えることは危険である。

顧客への最善のアドバイス提供――信任関係1

問20　プライベートバンカー職業行為基準の「1－1」および「1－2」(信任関係)について、①から④に当てはまる語句の組み合わせとして、正しいものはどれですか。

基準1－1　「信任関係」とは、顧客とプライベートバンカー、信託の受益者と受託者等、一方が相手方の（　①　）を受けて、専門的業務または（　②　）に基づく業務を行う関係をいう。

基準1－2　「信任義務」とは、（　③　）に基づき信頼を受けた者が、相手方に対して真に忠実に、かつ職業的専門家としての（　④　）をもって行動する義務をいう。

A．①信頼　②相手方の授権　③信任関係　④十分な注意
B．①依頼　②相手方の授権　③委託契約　④十分な注意
C．①信頼　②契約の定め　③信任関係　④十分な知識
D．①信任　②契約の定め　③委託契約　④十分な知識

選択肢の説明

信任関係とは、顧客とプライベートバンカーなどのように、一方が相手方の「①信頼」を受けて、専門的業務または「②相手方の授権」に基づいて業務を行う関係をいう。また、信任義務とは、「③信任関係」に基づいて信頼を受けた者が、相手方に対して真に忠実かつ職業的専門家としての「④十分な注意」をもって行動する義務をいう。

正解　A

解説　テキスト第1分冊　70頁～71頁参照

「信任関係」という概念は、英米における信託関係に発し、また「信任義務」は信託において受託者になった者の義務として生成されてきた概念である。その後これらの概念は信託に限らず、基準１－１に列挙された関係を含め幅広い関係に適用されるようになっていく。

日本を含むヨーロッパ大陸法系の国々においても、また英米法系の国々にあっても、私人間の関係を律する基本は契約関係であるが、信任関係においては、一方が相手の専門家としての能力または識見・人格を信用し、頼り、任せるという要素が含まれ、信頼を受けた者が行うべき行為は、信任関係の始まる時点で必ずしも詳細には決められないことも多い。

また、この信任関係の下で、信頼を受けたものは、相手方の信頼に応え、相手方の最大の利益を図るために全力を尽くすという高い倫理観を伴った行動が要請される。近年わが国においてもこれらの概念はかなり広く受け入れられるようになってきていることを考慮し、この基準を導入することとし、まず基準１－１において、その定義が行われた。

「信任義務」は、上記のような信任関係において、信頼を受けて、専門的業務または授権に基づく業務を行う者が負う義務である。信任義務の中で、最も重要なものとされているのは「忠実義務」と「注意義務」の二つである。

基準１－２に「相手方に対して真に忠実に」とあるのが忠実義務を規定したものであり、信頼を受けた者は、任され、頼られるという立場を認識し、専ら相手方の最善の利益を図るように行動しなければならない。相手方の犠牲のうえに自己や第三者の利益を図るようなことはあってはならないとの趣旨である。

基準１－２の後段は、信頼を受けた者の注意義務を規定している。信任関係において、ある者が信頼を受ける理由は、その者が通常人に比し、高い専門的能力を持っていることを期待されているからであり、業務の遂行に当たり、その者は専門家として要求される能力、思慮、勤勉さを十分に発揮しなければならないという義務である。

顧客への最善のアドバイス提供――信任関係2

問21　PB職業行為基準の「1－3」および「1－4」(信任関係) について、①から④に当てはまる語句の組み合わせとして、正しいものはどれですか。

基準1－3　プライベートバンカーがPB業務を行うに当たっては、顧客その他信任関係の相手方の（　①　）に資することのみに専念しなければならず、（　②　）の利益を優先させてはならない。

基準1－4　プライベートバンカーがPB業務を行う場合には、その時々の具体的な状況の下で（　③　）、業界慣行を遵守した上で専門家として尽くすべき正当な注意、技能、（　④　）をもってその業務を遂行しなければならない。

A．①利益の最大化　②自己
　　③業界の自主規制　④最善の努力
B．①最善の利益　②自己および第三者
　　③業界の自主規制　④配慮および誠実さ
C．①利益の最大化　②自己
　　③法令、規則　④最善の努力
D．①最善の利益　②自己および第三者
　　③法令、規則　④配慮および誠実さ

選択肢の説明

プライベートバンカーがPB業務を行うに当たっては、顧客などの相手方の「①最善の利益」に資することのみに専念し、「②自己および第三者」の利益を優先させてはならない。

プライベートバンカーがPB業務を行う場合、その時々の具体的な状況の下で「③法令、規則」、業界慣行を遵守したうえで、専門家として尽くすべき正当な注意、技能、「④配慮および誠実さ」をもって、その業務を遂行しなければならない。

正解　D

解説　テキスト第1分冊　70頁～74頁参照

基準1－3は、受任者としての忠実義務について規定している。プライベートバンカーは、PB業務を行うに当たっては専ら顧客その他信任関係の相手方（以下、顧客等という）の最善の利益を図るよう行動しなければならず、顧客等の犠牲のうえに自己や第三者の利益を図ってはならないとの趣旨である。

プライベートバンカーは、常に顧客等の信任を得たPB業務に関する専門家としての誇りと高い倫理観を持って、誠実に顧客等の利益のために何が最善であるかを考えながら行動することが要請される。このため、顧客等の利益を損なうような形で顧客等の財産を利用し、自己や第三者の利益を図ることが許されないほか、PB業務の公正性、客観性を阻害する可能性のある利益相反の状況に置かれることを極力回避するよう努めなければならない。

基準1－4は、忠実義務と並ぶ重要な信任義務である注意義務について規定している。プライベートバンカーは、その時点での顧客やファンドなど投資の主体の状況、客観的な経済・金融情勢など投資をめぐる環境を見極めながら、投資の専門家として要求される注意、配慮を払い、また専門的な技能を発揮し、さらに信任を受けたものとしての勤勉さを発揮してPB業務を行わなければならないとの趣旨である。プライベートバンカーは、顧客等から専門家としての信任を得てPB業務を行うため、通常人に期待される以上の注意義務が要求される。

具体的にどのように行動すればこの注意義務を果たしたことになるかについては、プルーデント・インベスター・ルールが基本的な原則として適用できる。このルールは米国の信託法における受託者の行為基準として広く認められるようになったプルーデントマン・ルール（信託財産の運用はプルーデントマン〈思慮ある合理的人間〉が自分の財産を運用するように行われるべきであるというもの）を、近年における資産運用の理論および実務の発展を考慮して修正したルールであり、受託者が合理的な投資家として投資判断をすべきであるというものである。

その眼目は、受託者が、一般的に資産運用業界に受け入れられているポートフォリオ理論に従って運用を行っていればそれを適法なものとして認めるという点にある。このルールの考え方は信託の受託者のみならず、運用に関わる者をはじめPB業務に従事する者全般に適用し得るものである。

顧客への最善のアドバイス提供――信任関係3

問22　PB職業行為基準の信任関係について述べた次の記述のうち、正しいものはどれですか。

A．信任関係は、対等な当事者同士のギブ・アンド・テイクの関係であるため、相互の権利と義務は契約の条項として詳細に規定されており、それが実行されることで全うされる。

B．プライベートバンカーに要求される信任義務で最も重要となるのは、顧客の秘密保持義務と注意義務である。

C．プライベートバンカーは、PB業務に関する専門家としての誇りと高い倫理観を持って、誠実に顧客の利益のために何が最善であるかを考えながら行動することが要請される。

D．プライベートバンカーに要求される注意義務には、プルーデントマン・ルールが基本的原則として適用できる。

選択肢の説明

A．不適切。信任関係ではなく、契約関係の説明である。

B．不適切。プライベートバンカーに要求される信任義務の中で、最も重要となるのは、忠実義務と注意義務である。

C．適切。

D．不適切。プライベートバンカーに要求される注意義務は、プルーデント・インベスター・ルールである。

正解　C

解説　テキスト第1分冊　70頁～72頁参照

契約関係は、対等な当事者同士のギブ・アンド・テイクの関係であり、相互の権利・義務は契約の条項として詳細に規定されているため、それが実行されることで契約関係は全うされる。これに対し、信任関係は、一方が相手の専門家としての能力または識見・人格を信用し、頼り、任せるという要素が含まれ、信頼を受けた者が行うべき行為は、信任関係の始まる時点では必ずしも詳細には決められないことも多い。

プライベートバンカーに要求される信任義務は多くの内容を含むが、最も重要とされているのは、忠実義務と注意義務の２つである。

忠実義務…信頼を受けた者は、任され頼られるという立場を認識し、専ら相手方の最善の利益を図るように行動しなければならず、相手方の犠牲の上に自己や第三者の利益を図るようなことはあってはならないというもの。

注意義務…信任関係において、ある者が信頼を受ける理由は、その者が通常人に比し、高い専門的能力を持っていることを期待されている点にあり、業務の遂行に当たり、その者は専門家として要求される能力・思慮・勤勉さを十分に発揮しなければならないというもの。

プライベートバンカーは、常に顧客の信頼に応え、PB業務に関する専門家としての誇りと高い倫理観を持って、誠実に顧客等の利益のために何が最善であるかを考えながら行動することが要請される。そのため、顧客等の利益を損なうような形で顧客等の財産を利用し、自己や第三者の利益を図ってはならない。

また、具体的にどのように行動すれば注意義務を果たしたことになるかについては、プルーデント・インベスター・ルール（プルーデントマン・ルールを拡張、発展させた考え方）が基本的な原則として適用できると考えられる。

客観的かつ公平な判断

問23　PB職業行為基準の「1－5」および「1－6」（客観的かつ公平な判断）について述べた次の記述のうち、正しくないものはどれですか。

A．プライベートバンカーがPB業務を行う場合には、専門的見地から適切な注意を払わなければならない。

B．PB業務を行うに当たり、顧客の重要な資産運用に関わり、将来の収益やリスクの予測を基本的要素としている場合には、顧客の判断に委ね、プライベートバンカーが判断を下すことは避けるべきである。

C．プライベートバンカーは、PB業務を行うに当たって、公正かつ客観的な判断を下すようにしなければならない。

D．プライベートバンカーは、PB業務を行う場合には、すべての顧客を公平に取り扱うようにしなければならない。

選択肢の説明

A．適切。

B．不適切。顧客の重要な資産運用に関わり、将来の収益やリスクの予測を基本的要素としている業務については、職業上の適切な注意と配慮の下、プライベートバンカーが公正かつ客観的な判断を下すことが求められる。

C．適切。

D．適切。

正解　B

解説　テキスト第1分冊　74頁参照

PB職業行為基準「1－5」および「1－6」（客観的かつ公平な判断）の内容は、次のとおりである。

基準1－5　プライベートバンカーは、PB業務を行うに当たって、専門的見地から適切な注意を払い、公正かつ客観的な判断を下すようにしなければならない。

基準1－6　プライベートバンカーは、PB業務を行う場合には、すべての顧客を公平に取り扱うようにしなければならない。

この基準は、プライベートバンカーが、PB業務を行うに当たっての基本的な心構えであり、その職務については、専門的な見地から一般人以上の相当の注意を払う必要がある。特にPB業務のように、顧客の重要な資産運用にかかわり、かつ将来の投資収益・リスクの予測を基本的要素としている業務については、職業上の適切な注意と配慮の下、公正かつ客観的な判断を下すことが求められることを示している。

十分な開示

問24　PB職業行為基準の「2－1」および「2－2」(十分な開示) について述べた次の記述のうち、正しいものはどれですか。

A．プライベートバンカーは、PB業務の遂行に当たり、顧客の利益と自己の利益が相反する状況となったときには、すべての場合についてその状況を解消することが義務付けられている。

B．プライベートバンカーは、PB業務の遂行に当たり、顧客に対して著しく損害を与える可能性がある利益相反の事情がある場合についてのみ、顧客に提示しなければならない。

C．プライベートバンカーは、PB業務の公正性と客観性に影響を与える可能性がある事項に関する情報を提供したうえで、投資推奨等のPB業務を受け入れるかどうかの判断を顧客に求める必要がある。

D．プライベートバンカーが、自分が所属する会社以外からPB業務の対価として報酬を受け取った場合に限り、報酬の収受について顧客に開示しなければならない。

選択肢の説明

A．不適切。PB業務の遂行に当たり、顧客との利益相反状況のすべての解消を義務付けることは難しいため、そのような事態が生じた場合には、顧客に提示しなければならない。

B．不適切。PB業務の遂行に当たり、公正性と客観性に影響を与える可能性がある事項に関する情報は、すべて顧客に提示しなければならない。

C．適切。

D．不適切。プライベートバンカーは、PB業務の対価として、自分の所属する会社や団体以外から報酬の収受または報酬の収受の約束がなされている場合には、その事実を顧客に開示しなければならない。

正解　C

解説　テキスト第1分冊　74頁～76頁参照

PB職業行為基準の「２－１」および「２－２」(十分な開示) の内容は、次のとおりである。

基準２－１　プライベートバンカーは、公正かつ客観的なPB業務の遂行を阻害すると合理的に判断される事項を、顧客に提示しなければならない。

基準２－２　プライベートバンカーは、基準２－１のほか次の事項を顧客に開示しなければならない。

ｉ）プライベートバンカーが、その顧客に対して提供したPB業務の対価として、自己の所属する会社または団体以外から収受しまたは収受することを約束したあらゆる報酬。

ⅱ）プライベートバンカーが、その顧客に第三者の役務提供を受けることを推奨すること、またはその顧客を第三者に紹介することに関して収受しもしくは収受することを約束した、すべての報酬。

プライベートバンカーは、PB業務を自己や第三者の利害に影響されることなく客観的かつ公正に行わなければならない。そのためには、客観性と公正さを阻害する可能性のあるような状況に自己を置かないよう、業務の遂行に当たり顧客の利益と自己の利益が相反する状況となった場合には、それを顧客に対して明らかにしなければならない。

また、プライベートバンカーが、PB業務の対価として、自己が所属する会社や団体以外から報酬を受け取る場合には、報酬の収受または収受の約束を顧客に開示し、顧客がその事実を知ったうえで、提供するPB業務を受け入れるかどうか判断してもらうようにしなければならない。

さらに、顧客に対し、第三者である投資顧問業者、コンサルタント、ブローカー・ディーラーなどを紹介する場合、プライベートバンカーは公正な判断のもとに第三者を選定し紹介することが要請される。しかし、その第三者から報酬を受け取っている場合は最適な選定が担保されない恐れがあるため、その場合は報酬の収受または収受の約束を顧客に開示し、顧客がその事実を承知したうえで第三者のサービスを受け入れるか判断できるようにしなくてはならない。

利益相反の防止

問25　PB職業行為基準の「2－3」から「2－6」(利益相反の防止)について述べた次の記述のうち、正しいものはどれですか。

A．投資推奨等の業務に従事するプライベートバンカーは、顧客に投資推奨する証券の実質的保有をしてはならないが、その同一銘柄の証券の保有の事実が顧客に開示されている場合には例外とされる。

B．投資推奨等の業務に従事するプライベートバンカーが個人的に実質的保有をしている証券について、売買の推奨を行う場合には、顧客に売買の推奨をした後であれば、いつでも売買を行うことができる。

C．投資管理業務に従事するプライベートバンカーは、運用財産で保有する証券の売買予定がある場合、自分が実質的に保有している同一銘柄の証券の取引は、自分の取引を行った後でなければ、顧客の取引を行ってはならない。

D．プライベートバンカーが顧客との取引について、取引の相手方となる場合には、顧客の最善の利益の追求が妨げられる可能性があるため、いかなる場合も禁止されている。

選択肢の説明

A．適切。

B．不適切。投資推奨の業務に従事するプライベートバンカーが個人的に実質的保有をしている証券について、売買の推奨を行う場合には、顧客が売買するかどうか判断するのに十分な時間が経過した後でなければ、売買を行ってはならない（リサーチ・フロントランニング行為の禁止)。

C．不適切。投資管理業務に従事するプライベートバンカーは、運用財産で保有する証券の売買予定がある場合、自分が実質的に保有またはそれが見込まれる同一銘柄の証券の取引は、顧客の取引を優先させた後でなければ、行ってはならない。

D．不適切。プライベートバンカーが顧客との取引について、当事者（取引の相手方）または利害関係者の代理人となることは、顧客の同意がある場合を除いて禁止されている。

正解　A

解説　テキスト第1分冊　76頁〜78頁参照

PB職業行為基準「２－３」から「２－６」（利益相反の防止）の内容は、次のとおりである。

基準２－３　業務のうち顧客に対する投資情報の提供または投資推奨（以下「投資推奨等」という）の業務に従事するプライベートバンカーは、顧客に投資推奨等を行う証券の実質的保有をしてはならない。ただし、公正かつ客観的なPB業務の遂行が阻害されることがないと合理的に判断される場合において、投資推奨等において当該証券の実質的保有の事実が顧客に開示されているときには、この限りでない。

基準２－４　投資推奨等の業務に従事するプライベートバンカーは、投資推奨等を行う場合は、自己が実質的保有をしまたはそれが見込まれる証券の取引に優先して、顧客が当該投資等に基づいて取引を行うことができるよう、十分な機会を与えなければならない。

基準２－５　投資管理業務に従事するプライベートバンカーは、自己が実質的保有をし、またはそれが見込まれる証券の取引が、自己の関与する運用財産において行う取引の利益を損なうことがないよう、当該運用資産のための取引を自己の取引に優先させなければならない。

基準２－６　プライベートバンカーは、顧客が同意した場合を除き、顧客との取引において当事者となりまた自己の利害関係者の代理人となってはならない。

専門家としての能力の維持・向上

問26　PB職業行為基準の「3－1」(社会的役割)および「3－2」(専門能力の維持・向上)について、①から④に当てはまる語句の組み合わせとして、正しいものはどれですか。

基準3－1　プライベートバンカーは、PB業務の持つ重要な社会的役割にかんがみ、(　①　)に職務を励行し、互いにプライベートバンカーの社会的信用および(　②　)に努めなければならない。

基準3－2　プライベートバンカーは、常にPB業務に関する(　③　)の研鑽に精進し、その責務にふさわしい(　④　)し、向上させなければならない。

A．①忠実　②最善の努力　③知識と経験　④専門資格を取得
B．①忠実　②地位の向上　③理論と実務　④専門能力を維持
C．①誠実　②最善の努力　③知識と経験　④専門資格を取得
D．①誠実　②地位の向上　③理論と実務　④専門能力を維持

選択肢の説明

プライベートバンカーとしての理念と職業的専門家としての基本姿勢であり、PB業務の社会的役割を自覚して「①誠実」に職務を励行し、プライベートバンカーの社会的信用および「②地位の向上」に努めなければならない。また、プライベートバンカーは、常にPB業務に関する「③理論と実務」の研鑽に精進し、その職務にふさわしい「④専門能力を維持」し、向上させなければならない。

正解　D

解説　テキスト第1分冊　78頁〜79頁参照

基準３－１は、公益社団法人日本証券アナリスト協会のプライベートバンカーとしての理念と職業的専門家としてのあるべき基本的姿勢を示したものであり、PB業務の社会的役割を自覚して誠実に職務を励行し、社会的信用と地位の向上に努力するよう求めている。

基準３－２は、プライベートバンカーが社会のニーズに応え、信頼を得るのは、何よりもまずその責務にふさわしい専門能力を有しているからであり、そのためプライベートバンカーは、常に理論と実務の研鑽に努めるべきことを述べたものである。

守秘義務

問27　PB職業行為基準「４－１」(守秘義務)について述べた次の記述のうち、正しくないものはどれですか。

A．プライベートバンカーは、業務上知り得た顧客に関する情報を他に漏らしてはならないが、すでに取引を解約した顧客については、その限りではない。

B．守秘義務の対象となる顧客に関する情報は、住所、氏名、生年月日、家族構成や資産状況などのほか、取引の内容なども含まれる。

C．顧客の個人情報の安全性確保のため、金融機関などには個人情報保護法が適用され、顧客情報を正当な理由なく第三者に提供したことで、顧客に損害が生じた場合は、損害賠償責任を負わなければならない。

D．金融機関が税務署から個人情報の提供を求められた場合には、顧客本人の承諾がなくても個人情報を提供することができる。

選択肢の説明

A．不適切。プライベートバンカーは、業務上知り得た顧客に関する情報を他に漏らしてはならないが、これはすでに取引を解約した顧客も対象となる。

B．適切。守秘義務の対象となる顧客情報は、住所、氏名、生年月日、電話番号、メールアドレス、家族構成や資産状況などのほか、取引の内容なども含まれる。

C．適切。金融機関などの事業者には、個人情報の安全性確保のため、個人情報保護法が適用され、顧客情報を正当な理由なく、または顧客本人の承諾を得ずに第三者に提供したことで、顧客に損害が生じた場合には、損害賠償責任を負わなければならない。

D．適切。税務署からの個人情報の提供依頼については、金融機関は顧客本人の承諾がなくても個人情報を提供することができる。

正解　A

解説　テキスト第1分冊　79頁参照

PB職業行為基準「４－１」(守秘義務）の内容は、次のとおりである。

基準４－１　プライベートバンカーは、業務を行う場合には、当該業務の依頼者である顧客に関し知り得た秘密を他に漏らしてはならない。

顧客がプライベートバンカーに対して助言を求めまたは投資運用を任せるのは、秘密保持についての信頼感が１つの前提となっているため、顧客の信頼を裏切る秘密漏えい行為は行ってはならない。守秘義務の対象となる顧客に関する情報は、住所、氏名、生年月日、電話番号、メールアドレス、家族構成や資産状況などのほか、金融機関との取引内容なども含まれる。

個人情報保護法においては、顧客情報を正当な理由なく、または本人の承諾を得ずに第三者に提供したことにより、顧客に損害が生じた場合は、損害賠償責任を負わなければならない。ただし、「税務署からの情報提供の依頼」「警察等からの捜査関係の照会」があった場合等は、顧客本人の承諾がなくても、第三者に個人情報を提供することができる。

投資の適合性

問28　PB職業行為基準「5－1」および「5－2」（投資の適合性）について述べた次の記述のうち、正しくないものはどれですか。

A．PB業務を行うプライベートバンカーは、顧客の投資目的に最も即応した投資が行われるよう、配慮しなければならない。

B．PB業務を行うプライベートバンカーは、多様な特性を有する個別の顧客の状況を十分に確認する必要がある。

C．顧客の投資目的に最もふさわしい収益率とリスクの組み合わせを持った投資対象の選定やポートフォリオの構築を行うように努めなければならない。

D．適合性の原則は、PB業務に従事するプライベートバンカーが常に念頭に置いておくべきものであり、従事する業務の種類にかかわらず、求められる適合性の考慮の度合いは一律である。

選択肢の説明

A．適切。プライベートバンカーは、顧客のために業務を行うときは、顧客の投資目的に最も即応した投資が行われるよう、配慮しなければならない。

B．適切。PB業務を行うプライベートバンカーは、資産運用の規模、事業の性格、将来の資金需要の見通しなど、多様な特性を有する個別の顧客の状況を十分に確認する必要がある。

C．適切。顧客の投資に関する制約やリスク許容度を考慮した収益率の目標設定など、最もふさわしい投資対象の選定やポートフォリオの構築を行うように努めなければならない。

D．不適切。適合性の原則は、PB業務に従事するプライベートバンカーが常に念頭に置いておくべきものであるが、求められる適合性の考慮の度合いは、プライベートバンカーが属する業態や従事する業務の種類によって異なる。

正解　D

解説　テキスト第1分冊　79頁～80頁参照

PB職業行為基準「5－1」および「5－2」（投資の適合性）の内容は、次のとおりである。

基準5－1　顧客の財務状況、投資経験、投資目的を十分に確認すること。また、必要に応じてこれらの情報を更新（最低でも年1回以上）すること。

基準5－2　顧客の財務状況、ニーズ、投資対象およびポートフォリオ全体の基本的特徴など関連する要素を十分に考慮して、投資情報の提供、投資推奨または投資管理の適合性と妥当性を検討し、顧客の投資目的に最も適合する投資が行われるよう常に配慮すること。

プライベートバンカーが顧客のために業務を行うときは、顧客の投資目的に最も即応した投資が行われるよう、配慮しなければならないという、適合性の原則について定めた基準である。なお、適合性の原則は、PB業務に従事するプライベートバンカーが常に念頭に置いておくべきものであるが、求められる適合性の考慮の度合いは、プライベートバンカーが属する業態や従事する業務の種類によって異なってくる。

不実表示に係る禁止等

問29　PB職業行為基準「6－1」(不実表示に係る禁止等) について述べた次の記述のうち、正しくないものはどれですか。

A．プライベートバンカーが、顧客に対して行うことができるPB業務の種類や内容などについて、不実表示をしてはならない。

B．プライベートバンカーは、顧客に対して行うことができるPB業務に係る重要な事実について、不実表示をしてはならない。

C．プライベートバンカーが、自分の保有する資格のうちPB業務と一切関連しない資格を開示しないことは、不実表示となる。

D．プライベートバンカーは、自分の保有する資格のうちPB業務と関連する資格について、不実表示をしてはならない。

選択肢の説明

A．適切。「顧客に対して行うことができるPB業務の種類、内容および方法」については、不実表示をしてはならない。

B．適切。「顧客に対して行うことができるPB業務に係る重要な事実」については、不実表示をしてはならない。

C．不適切。「プライベートバンカーが有する資格のうちPB業務とは一切関連しない資格を開示しないこと」については、不実表示に係る禁止等にはならない。

D．適切。「プライベートバンカーが有する資格のうちPB業務に関連する資格」については、不実表示をしてはならない。

正解　C

解説　テキスト第1分冊　81頁参照

PB職業行為基準「6－1」（不実表示に係る禁止等）の内容は、次のとおりである。

基準6－1　プライベートバンカーは、次に掲げる事項について不実表示をしてはならない。

i）プライベートバンカーが顧客に対して行うことができるPB業務の種類、内容および方法その他PB業務に係る重要な事実。

ii）プライベートバンカーが有する資格。

プライベートバンカーが、自己の保有する資格のうちPB業務と一切関連しない資格を開示しないことは、不実表示とはならない。

資格・認可を必要とする業務上の制約

問30　PB職業行為基準「7－1」（資格・認可を必要とする業務上の制約）について述べた次の記述のうち、正しくないものはどれですか。

A．税理士資格を有しないプライベートバンカーが、顧客の具体的な相続税対策などの相談に対して説明することは、有償であれば税理士法に抵触するが、無償であれば税理士法に抵触しない。

B．弁護士資格を有しないプライベートバンカーが、顧客の遺産分割に関する法律相談を受けた際に、単独で行った具体的な法律判断に基づいて、法律行為を助言することは弁護士法に抵触する。

C．司法書士資格を有しないプライベートバンカーが、顧客からの求めに応じて、公正証書遺言の作成における証人になることは、司法書士法に抵触しない。

D．生命保険募集人の登録を受けていないプライベートバンカーが、顧客の相談に対して生命保険の活用方法や生命保険商品の特徴などについて説明する行為は保険業法に抵触しない。

選択肢の説明

A．不適切。税理士資格を有しないプライベートバンカーが、顧客の具体的な相続税対策などの相談に対して説明することは、有償無償を問わず税理士法に抵触する。

B．適切。弁護士資格を有しないプライベートバンカーが、民法の規定などを説明するだけであれば弁護士法には抵触しないが、顧客の法律相談について、報酬を得る目的で具体的な法律判断や法律行為の助言をすることは、弁護士法に抵触する。

C．適切。公正証書遺言の作成の証人は、国家資格を有する必要はないため、司法書士資格を有しないプライベートバンカーが、顧客からの求めに応じて、公正証書遺言の作成における証人になることは、司法書士法に抵触しない。

D．適切。生命保険募集人の登録を受けていないプライベートバンカーが、保険の募集や勧誘をすることは保険業法に抵触するが、顧客の相談に対して生命保険の活用方法や生命保険商品の特徴を説明する行為は、保険業法に抵触しない。

正解　A

解説　テキスト第1分冊　81頁参照

PB職業行為基準「7－1」（資格・認可を必要とする業務上の制約）について理解する。その内容は、次のとおりである。

基準7－1　プライベートバンカーは、資格・認可が必要とされる業務については、法の定める資格・認可を得ることなく、かかる業務を遂行してはならない。

税理士や弁護士、司法書士等のように、特定の資格を取得している者のみが従事可能となる業務があるため、当該資格を保有していないプライベートバンカーは、PB業務を行う際には十分な注意が必要である。

	業務内容および法律への抵触
税理士法	税理士資格を有しない者が、個別具体的な相談への回答や、税務代理・税務書類の作成を行うと、有償無償を問わず税理士法に抵触する。ただし、仮定の事例で税額計算する、あるいは一般的な税法を解説することは、税理士法に抵触しない。
弁護士法	弁護士資格を有しない者が、遺言作成や遺産分割について相談を受け、報酬を得る目的で具体的な法律判断や相続人間の利害調整を行うことは弁護士法に抵触する。ただし、遺産分割について、民法の条文の一般的な解説を行うなど、制度を説明するだけであれば、弁護士法に抵触しない。
司法書士法	司法書士資格を有しない者が、登記や供託の手続などについて相談を受けて代理することは、司法書士法に抵触する。ただし、公正証書遺言作成の証人は、国家資格を有する必要はないため、公正証書遺言作成の証人となる契約を締結しても司法書士法に抵触しない。
保険業法	保険募集人の登録を受けていない者が、保険の募集や勧誘をすることは保険業法に抵触するが、生命保険の活用方法や生命保険商品について、一般的な商品の特徴や活用例を説明することは保険業法に抵触しない。

PB資格保有者への懲戒

問31　PB資格保有者に対する懲戒処分の対象行為に関し、正しくないものはどれですか。

A．PB業務等に関連して法令違反あるいは刑罰に処せられたとき
B．PB業務等に関連して行政処分を受けたとき
C．公益社団法人日本証券アナリスト協会が定める「PB職業行為基準」に違反したとき
D．公益社団法人日本証券アナリスト協会又はPB資格保有者としての信用と名誉を傷つけようとしているとき

選択肢の説明

A．適切。PB業務等に関連して法令違反あるいは刑罰に処せられたときは、懲戒処分の対象となる。
B．適切。PB業務等に関連して行政処分を受けたときは、懲戒処分の対象となる。
C．適切。公益社団法人日本証券アナリスト協会が定める「PB職業行為基準」に違反したときは、懲戒処分の対象となる。
D．不適切。公益社団法人日本証券アナリスト協会又はPB資格保有者としての信用と名誉を「傷つける行為をしたとき」は、懲戒処分の対象となるが、「傷つけようとしているとき」は、懲戒処分の対象とはならない。

正解　D

解説　テキスト第1分冊　85頁参照

PB資格保有者は、その業務を遂行するうえで顧客の信任が不可欠であり、職業倫理の遵守は重要な要素である。このため、法令違反はもとより職業行為基準に違反した場合には、懲戒処分を受けることとなる。

PB資格保有者が、次の①～④に該当した場合には、「PB職業倫理等審査委員会」の判断により懲戒処分を受けることとなる。

① PB業務等に関し法令に違反しあるいは刑罰に処せられまたは行政処分を受けたとき

② 公益社団法人日本証券アナリスト協会が定める「PB職業行為基準」に違反したとき

③ 公益社団法人日本証券アナリスト協会またはPB資格保有者としての信用と名誉を傷つける行為をしたとき

④ その他懲戒に処する相応の事由があるとき

懲戒の方法

問32　PB資格保有者に対する懲戒の方法に関し、正しくないものはどれですか。

A．口頭または文書による注意
B．PB資格の取消
C．PB資格保有者が公益社団法人日本証券アナリスト協会から与えられている権利の停止
D．PB資格保有者が公益社団法人日本証券アナリスト協会から与えられている優遇措置の停止

選択肢の説明

A．適切。口頭または文書による注意は、PB資格保有者に対する懲戒の方法である。
B．不適切。PB資格保有者に対する懲戒の方法で、PB資格の取消という表現は適切ではなく、PB資格登録の抹消が適切である。
C．適切。PB資格保有者が公益社団法人日本証券アナリスト協会から与えられている権利の停止は、PB資格保有者に対する懲戒の方法である。
D．適切。PB資格保有者が公益社団法人日本証券アナリスト協会から与えられている優遇措置の停止は、PB資格保有者に対する懲戒の方法である。

正解　B

解説　テキスト第1分冊　85頁参照

PB資格保有者に対する懲戒は、次のうちいずれかまたは複数の方法により行われる。

① 口頭または文書による注意
② PB資格保有者が公益社団法人日本証券アナリスト協会から与えられている権利ないし優遇措置の停止
③ PB資格登録の抹消

PB資格登録の抹消が決議された場合には、公益社団法人日本証券アナリスト協会の会長が当事者に対し書面にて通知のうえ、ホームページ上に氏名および理由などが公示される。

第 2 編

資産の運用

ファミリーバランスシートの作成

問33　ファミリーバランスシートの説明のうち、正しくないものはどれですか。

A. ファミリーバランスシートを作成することで、キャッシュフロー表からだけでは把握することができない財務上の問題点を把握しやすくなる。

B. ファミリーバランスシートの負債は、確定債務により計算する。

C. ファミリーバランスシートの資産（金融資産や不動産および自社株など）を、時価により評価計算することで、相続税納税後の純資産を最大化するための対策や納税資金対策の検討が可能になる。

D. ファミリーバランスシートにより、資産の分散や流動性を確認することができる。

選択肢の説明

A. 適切。

B. 不適切。ファミリーバランスシートは、作成時点の財務上の問題点（財政状態）を確認するためのものであるが、負債には、確定債務のみならず、将来発生する相続税（未払相続税額）も認識する必要がある。

C. 適切。

D. 適切。ファミリーバランスシートにより、資産の分散や必要な流動性が確保できているか、相続における遺産分割が容易な資産構成か、負債が無理なく返済可能であるか、等を確認することができる。

正解　B

解説　テキスト第１分冊　88頁～89頁参照

ファミリーバランスシートを作成することにより、キャッシュフロー表からだけでは把握することができない財務上の問題点を把握しやすくなる。また、作成の際にはファミリーが保有している資産および負債を棚卸し、それらを時価で評価するが、その際、隠れた負債である未払相続税額を忘れてはならない。

金融資産、不動産、自社株を適時時価評価し、ファミリーバランスシートを「見える化」することにより、相続税納税後の純資産額を最大化するための対策、および納税資金不足を補填・解消するための対策を具体的に検討することが可能になる。

なお、ファミリーバランスシートの分析、問題点の把握においては、以下の点に留意して問題点を把握し、改善をするための提案を行う。

・リスク許容度の範囲内で資産の分散が図られ、必要な流動性が確保されているか。
・相続における遺産分割が容易な資産構成であるか（そうでないならば、換価分割、代償分割などの対策を考慮しているか）。
・負債が無理なく返済可能であり、過大になっていないか。

顧客のタイプ別の属性とリスク許容度

問34　プライベートバンカーの顧客に関し、そのタイプ別の属性とリスク許容度の説明として、正しいものはどれですか。

A．プライベートバンカーの顧客の殆どは、不動産オーナーである。

B．国税庁の相続税統計を用いて、マクロの視点から富裕層ファミリーのコアアセットをみると、その多くは自社株、不動産から構成され、金融ポートフォリオの比重は、総資産の５％程度と僅少である。

C．中小企業経営者に対するウェルスマネジメントにおいては、顧客のリスク許容度は本業のビジネスリスクを考慮する必要がある。

D．中小企業経営者に対するウェルスマネジメントにおいて、新興国ビジネスに携わる顧客に対しては、顧客が新興国の動向に詳しいため、新興国ファンドなどの金融商品を積極的に勧めることが望ましい。

選択肢の説明

A．不適切。プライベートバンカーの顧客の多くは、中小企業経営者、不動産オーナーであり、新規株式公開を果たしたオーナーを含め、その多くは自らのコアビジネスを持っている。

B．不適切。富裕層ファミリーのコアアセットの多くは自社株、不動産から構成されるが、金融ポートフォリオの比重も総資産の３分の１程度を占めている。

C．適切。

D．不適切。中小企業経営者に対するウェルスマネジメントにおいて、新興国ビジネスに携わる顧客に対しては、新興国の景気が悪くなれば業績も振るわなくなる傾向があるため、金融ポートフォリオは、新興国の景気と負の関係を持たせるなど、本業の業績と金融商品の値動きとの関連性に注意する必要がある。

正解　C

解説　テキスト第１分冊　90頁〜91頁参照

プライベートバンカーの顧客の多くは、中小企業経営者、不動産オーナーであり、その多くは自らのコアビジネスを持っており、その結果として財を成した人々がほとんどである。そのファミリーのコアアセットの多くは、自社株、不動産から構成され、金融ポートフォリオの比重は総資産の３分の１程度である。中小企業経営者に対するウェルスマネジメントにおいては、リスク許容度は、本業のビジネスリスクを考慮し、本業の景気と運用対象となる金融商品の値動きとの関連性にも十分注意する必要がある。

経営・財務状況を加味した顧客タイプ別の属性とニーズ

問35　プライベートバンカーの顧客に関し、そのタイプ別の属性とニーズの説明として、正しくないものはどれですか。

A．中小企業オーナーの場合には、40歳代といった早い時期に後継者を見定め、自社株を継続して贈与するなどの対策により、相続時の高額納税を回避する戦略も必要となる。

B．上場会社のオーナーの場合には、相続税評価額の軽減対策が重要になるため、運営コストを考慮したとしても、上場株式を保有する資産管理会社を設立することが有効な手段となる。

C．不動産オーナーの場合には、不動産管理会社を活用し、買換・交換・収用等の特例など、税務上の課税価格の圧縮を目的とした対策を講じて、不動産投資にかかわる収益率を下げる戦略が重要となる。

D．代々の資産家で資産額が50億円を超えるような場合には、国内の税務対策だけでは限界があるため、香港やシンガポール等の相続税・贈与税のない国への移住も、相続税を軽減する選択肢の一つとなり得る。

選択肢の説明

A．適切。

B．適切。

C．不適切。不動産オーナーの場合には、不動産管理会社を活用し、買換・交換・収用等の特例など、税務上の課税価格の圧縮を目的とした対策を講じるとともに、不動産投資にかかわる収益率を下げない戦略の立案と実行が重要となる。

D．適切。

正解　C

解説　テキスト第1分冊　92頁～96頁参照

プライベートバンカーの顧客は、それぞれ異なる資産構成を持ち、異なる収支状況にある。また、事業形態や組織も大きく異なるため、ウェルスマネジメント戦略も異なってくる。

顧客タイプ別の対応策のポイントを述べれば以下のとおりである。

(1) 中小企業オーナー

企業経営者は、事業成長を常に目標とし、企業価値を増大させる努力をするが、そのためには次の①～③が企業価値を増大させるドライバーとなる。

EBITDA*を利用した企業価値＝EBITDA×ｋ＋(現預金－借入金)

① EBITDAの増加
② EBITDA乗数（ｋ）の増加
③ 借入金の圧縮

＊EBITDAとは、支払利息・法人税・減価償却費控除前利益をいう。

①により営業利益を増大させる努力は企業価値を高める

②ｋは証券市場の株価上昇や当該企業の将来の成長可能性への期待が高まれば上昇する

一方、企業価値の増大は、自社株の相続税評価額の増加となり後継者への承継を難しくする。創業家がオーナーであり続けるためには、事業承継や財産承継の確立が必要となり、相続税納税のための現金を常に用意しておく必要がある。または、オーナー経営者は、40歳代といった早い時期において、次世代の後継者を見定め、自社株式を継続して贈与することにより、相続時の一時の高額納税を回避する戦略も考えられる。

(2) 上場会社オーナー

上場会社のオーナー所有株式の時価総額が巨額となる中で、同族の所有と経営の維持を実現するとすれば、以下の目的のために資産管理会社の設立が不可避となる。

① 資産管理会社を介した上場株式の保有
② 相続税評価額の軽減

③　資産管理会社の受取配当金の益金不算入
④　同族への役員報酬の支払いによる所得の分散

資産管理会社が株式保有特定会社に該当しなければ、相続税評価は類似業種比準方式を適用できる場合があり、その場合、純資産価格方式に比べ評価額を抑えることができる。

(3)　不動産オーナー

買取・交換・収用等の特例や、借地権にかかる取扱いを活用するとともに、不動産保有会社を利用し、税務上の恩恵を最大限に活用することが求められる。ただし、不動産投資にかかる収益率を下げ、資産全体の収益率を著しく低下させてしまっては意味がないため、全体最適戦略の立案と実行という視点に立ったスキームの構築が重要となる。

(4)　プロフェッショナル（医師、弁護士、会計士等）

課税所得は大きいが、開業にかかる投資のための借入金返済も多額であるため、可処分投資額がどの程度なのか把握することが重要である。また、医療法人を設立することにより、事業所得を医療法人の役員の給与所得に変換し、同族への所得の分配が可能になる。

なお、基金拠出型医療法人の設立により、相続財産評価上、利益剰余金が出資の評価に影響を与えず有利となる場合がある。

(5)　代々の資産家

暦年贈与が大きく機能するが、超資産家になると暦年贈与の効果が小さくなっていくため、資産管理会社や資産保有会社による資産の間接保有対策が必要になる。また、資産額が50億円を超えるような場合は、国内税務対策だけでは限界があるため、香港、シンガポール等の相続税・贈与税がない国への移住も考えられる。

キャッシュフロー分析(現役時代)

問36　現役時代のキャッシュフロー分析についての説明のうち、正しくないものはどれですか。

A. キャッシュフロー表を作成する際には、それに先立ってライフイベント表を作成し、いつどのような資金が必要となるかを明確にする必要がある。

B. キャッシュフロー表の収入については、税金や社会保険料を控除する前の給与収入や運用収入、その他の収入などから見積もりを行う。

C. キャッシュフロー表の分析により、ある年のキャッシュフローがマイナスとなっても、その翌年以降にプラスが継続していくのであれば問題はないと考えられる。

D. キャッシュフロー表の分析により、キャッシュフローのマイナスが累積し貯蓄残高がマイナスとなる状態が続くと、家計の破綻につながる可能性があるため、支出の見直しや借入金の削減策などの対応が必要となる。

選択肢の説明

A. 適切。

B. 不適切。キャッシュフロー表の収入については、給与収入、運用収入、その他収入等から、税金や社会保険料を控除した「可処分所得」(手取り額)ベースにより見積もりを行う。

C. 適切。キャッシュフローが単年度のみマイナスとなる場合、その翌年以降にプラスが継続すれば問題はないと考えられ、マイナスとなる年に備えてローンを利用するなどの対策も考えられる。

D. 適切。キャッシュフローが恒常的にマイナスになると、貯蓄残高がマイナスに転じる結果となり、借入金が膨らみ、家計の破綻につながる可能性がある。そのため、収入の増加や支出の見直し、資産の売却による借入金の削減などの迅速な対応が必要となる。

正解　B

解説　テキスト第１分冊　100頁～106頁参照

ライフイベント表は、結婚、出産、教育、住宅購入、退職等の顧客の家計に関して将来的に発生するイベントおよび必要資金を時系列で表にしたもので、いつどのような資金がいくら必要かを明確にすることができる。ライフイベント表ができたら、キャッシュフロー表を作成し、将来にわたる収支状況の確認や資金対策の要否などを分析する。

キャッシュフローの項目と見積り方法の留意点は以下のとおりである。

収入	給与収入、運用収入、その他収入・臨時的な収入など 見積りの際は、税金や社会保険料などを控除した「可処分所得」ベースで行う。
支出	生活費、住宅費、教育費、保険料、その他の支出など

キャッシュフロー表の分析、問題点の把握、改善提案のポイントは以下のとおりである。

キャッシュフローが単年度のみマイナスの場合	臨時的な支出により、キャッシュフローがマイナスとなる場合があるが、その年以降プラスが継続していくのであれば、問題ないと考えられ、マイナスの年に備えてローンを組む等の改善提案が考えられる。
キャッシュフローが恒常的・継続的にマイナスの場合	マイナスの蓄積により、貯蓄残高がマイナスに転じるなど財務状態に問題が生じる可能性があるため、収入の増加や支出の見直し等の迅速な対応が求められる。

キャッシュフロー分析（リタイアメントプランニング）

問37　リタイアメントプランニングにおける必要資金準備に関し、正しくないものはどれですか。

A．プライベートバンカーの顧客は、退職後、役員報酬等の定期収入が激減する一方で、現役時代の消費水準を下げることができず、ライフプランの見直しを迫られるケースも見受けられる。

B．退職所得にかかる所得税は、例外なく源泉徴収されるため納税手続きは不要である。

C．プライベートバンカーの顧客は、「ゆとりある老後生活費」を考えている可能性が高く、夫婦２人で老後生活を送るうえで必要と考えられる「最低日常生活費」と「ゆとりのための上乗せ額」を合計した費用を見込んでおく必要がある。

D．人生の課題や目標、ニーズに基づく資金使途に応じて運用を行う「ゴールベースアプローチ」において、病気、事故等の万が一に備えるための資金については流動性が重視される。

選択肢の説明

A．適切。こうしたケースにおいてプライベートバンカーには、顧客のキャッシュフローの状況や意向を把握したうえでリタイアメントプランを立案することが求められる。

B．不適切。退職所得にかかる所得税は、「退職所得の受給に関する申告書」を提出している場合は源泉徴収されるが、提出していない場合は確定申告が必要となる。

C．適切。

D．適切。

正解　B

解説　テキスト第１分冊　106頁〜122頁参照

顧客のキャッシュフローの状況や顧客の様々な意向を把握したうえで、リタイアメントプランを作成することがプライベートバンカーに求められる。キャッシュフロー分析を行う場合の留意点・ポイントは次のとおりである。

【収入】
・年金収入（公的年金・私的年金）
・退職金
（退職所得の計算方法）

退職所得＝（源泉徴収前の収入金額※1－退職所得控除）×１／２※2

（退職所得控除額の計算方法※3）

勤続年数	退職所得控除額
20年以下	40万円×勤続年数（80万円に満たない場合には、80万円）
20年超	800万円＋70万円×（勤続年数－20年）

※１　確定給付企業年金規約に基づいて支給される退職一時金などで、従業員自身が負担した保険料または掛金がある場合には、その支給額から従業員が負担した保険料または掛金の金額を差し引いた残額を退職所得の収入とする。
※２　役員等勤務年数が５年以下である人が、その役員等勤続年数に対応して支払を受ける退職金については、上記計算式の１／２計算の適用はない。
※３　障害者になったことが直接の原因で退職した場合の退職所得控除は、上記の方法により計算した額に、100万円を加えた金額となる。

（税額の計算方法）

税金	計算方法
所得税	「退職所得の受給に関する申告書」を提出している場合→源泉徴収 「退職所得の受給に関する申告書」を提出していない場合→確定申告
住民税	退職所得の10％

【支出】

・生活費

プライベートバンカーの顧客は、夫婦２人で老後生活を送るうえで必要と考えられる「最低日常生活費」と「ゆとりのための上乗せ額」を合計した「ゆとりある老後生活費」を考えている可能性が高い。

・寄付・遺贈

寄付に加え、残した財産を遺言書によって、社会貢献団体など相続人以外に渡す遺贈に関心をもっている人も多い。

・運用

貯蓄残高は、老後資金として使われるまでは運用して増やすことができる。以下のように人生の課題や目標、ニーズに基づく資金用途に応じて運用するゴールベースアプローチが考えられる。

① 病気、事故等の万が一に備えるための資金（流動性を重視）

② 最低限の生活資金、住宅リフォーム、高齢者向け施設の費用、子供の結婚や住宅購入の援助資金、相続税の納税資金等（安全性を重視）

③ 海外旅行、趣味等のイベント支出、次世代に残したい資金等の余裕資金（収益性を重視）

個人のリスクと必要保障額の算定

問38　個人のリスクと必要保障額の算定に関する説明のうち、正しいものはどれですか。

A．「リスクの大きさ」は、「発生したときの影響の大きさ」と「発生確率」を基準に評価することができる。

B．必要な補償額は、リスクが顕在化した時に備え、保険ですべてをカバーできるように対応しておく必要がある。

C．他人にケガを負わせた場合などの損害賠償のリスクは、傷害保険によりカバーする。

D．病気などで働けなくなったことにより収入が減少するリスクは、所得補償保険により100％カバーできる。

選択肢の説明

A．適切。

B．不適切。必要となる補償額については、すべてを保険でカバーする必要はなく、リスクを受容すること（自己資金で引き受ける等）も選択肢となる。

C．不適切。傷害保険は、本人や家族のケガにかかるリスクを補償することを目的とするもので、交通事故などの急激・偶然・外来の事故による入院、通院、後遺障害、死亡に備えるものである。他人にケガを負わせた場合などの損害賠償のリスクは、個人賠償責任保険によりカバーする。

D．不適切。病気などによって働けなくなったことにより収入が減少するリスクは、所得補償保険によりカバーできるが、所得の50～70％が上限となる。

正解　A

解説　テキスト第1分冊　123頁～124頁参照

「リスクの大きさ」は、その「発生したときの影響の大きさ」と「発生確率」を基準に評価することができる。

リスクが顕在化した時に備え、必要となる補償額については、①リスクの大きさを把握し、②自己資金で対応できる範囲や、社会保険等の公的な給付制度の内容を確認し、③②で対応が難しい部分について保険等を活用し対応することになる。保険を付することで、リスクを保険会社に移転することができるが、保険料がかかりすべて保険でカバーする必要もない。一部については、リスクを受容すること（自己資金で引き受ける等）も選択肢となる。また、社会保険等の公的な給付についても検討する必要がある。

リスクの種類と必要保障額の考え方の例をあげると下表のとおりである。

個人のリスク	必要保障額の考え方（例）
人的リスク	収入－費用 収入　遺族年金、死亡退職金、金融資産、配偶者の収入など 費用 ・現状の年間生活費×70％×子供が独立するまでの年数 ・現状の年間生活費×50％×子供独立後の配偶者の平均余命 ・教育費用、結婚費用、住居費用、葬儀費用、相続費用（相続税、相続手続）などの生活費以外の費用
物的リスク	火災保険 ・再調達価額（同程度の建物を建て直す費用） 地震保険 ・火災保険の契約金額の30～50％の範囲内 ・建物は5,000万円、家財は1,000万円が上限
損害賠償リスク	自動車保険 ・損額賠償額は高額化しており、契約金額は無制限が望ましい 個人賠償責任保険 ・過去の高額賠償事例では１億円が目安になると考えられる
費用・損失リスク	所得補償保険の例（就業不能保険も考えられる） ・１～２年の短期と60歳や65歳までなどの長期がある ・所得の50～70％程度が上限

医療保険制度

問39　医療保険制度についての説明のうち、正しいものはどれですか。

A．会社等を退職した場合には、国民健康保険に加入しなければならない。

B．後期高齢者医療制度は、75歳以上の者のみが加入する制度である。

C．医療保険制度の体系は、医療保険、船員保険、高齢者医療の３つに大きく分類される。

D．国民健康保険は、地方自治体が運営するもの以外に、同種の事業従事者を対象として組合が運営するものがある。

選択肢の説明

A．不適切。会社等を退職した場合には、国民健康保険に加入する以外に、家族の扶養に入るという選択肢もある。

B．不適切。後期高齢者医療制度は、75歳以上の者および65歳以上75歳未満で一定の障害がある者を対象とした制度で、都道府県単位の広域連合会が運営している。

C．不適切。医療保険制度の体系は、医療保険、高齢者医療の２つに大きく分類される。

D．適切。国民健康保険は、地方自治体が運営するもの以外に、税理士国民健康保険組合、建設業国民健康保険組合などのように、同種の事業従事者を対象として組合が運営するものがある。

正解　D

解説　テキスト第1分冊　125頁参照

医療保険制度の体系について、区分、制度、対象者（被保険者）は下表のとおりである。

区　分	制　度	対象者（被保険者）
医療保険	健康保険	民間会社の勤労者
	船員保険	船員
	共済組合	公務員、私学教職員
	国民健康保険	自営業者等
高齢者医療	後期高齢者医療制度	75歳以上の者、65歳以上75歳未満で一定の障害のある者

生命保険

問40　生命保険に該当しないものは、次のうちどれですか。

A．医療保険
B．終身保険
C．養老保険
D．定期保険

選択肢の説明

A．不適切。医療保険は、医療機関の受診による医療費の負担分について一部または全部を保険者が給付する仕組みの保険で、生命保険ではなく第三分野保険に該当する。がんのみを保障の対象とした「がん保険」も第三分野の保険に該当する。
B．適切。
C．適切。
D．適切。

正解　A

解説　テキスト第1分冊　127頁参照

生命保険とは、人の生死に関して保険金が支払われる保険であり、保障内容により、次のとおり様々な種類が存在する。

種　類	保　障　内　容
定期保険	保険期間内に被保険者が死亡した場合等に保険金が支払われるもので、満期保険金はない（掛捨て）。
養老保険	保険期間内に被保険者が亡くなると死亡保険金が支払われ、死亡事故なく満期を迎えると満期保険金が支払われる、その死亡保険金と満期保険金が同額である生命保険。
終身保険	生涯にわたり死亡保障が付された生命保険。
逓増定期保険	保険期間中に保険金額が５倍までの範囲で増加する定期保険のうち、その保険期間満了の時の被保険者の年齢が45歳を超えるものをいう。
長期平準定期保険	保険期間満了時の被保険者の年齢が70歳を超え、かつ、保険加入時の被保険者の年齢に保険期間の２倍の数を加えた数が105を超える定期保険。
無解約返戻金型定期保険	保険期間を通じて解約返戻金がない定期保険で、解約返戻金がないため、保険料は解約返戻金がある定期保険よりも割安になる。

経営者向けの損害保険

問41　事業リスクをカバーする経営者向けの損害保険に関する説明について、正しくないものはどれですか。

A．会社役員としての職務において行った行為や経営判断などに起因した損害賠償リスクに備えるためには、会社役員賠償責任保険でカバーする。

B．企業が製造・販売した商品の欠陥などの原因により、顧客の身体に障害が生じた場合等の損害賠償リスクに備えるためには、生産物賠償責任保険でカバーする。

C．従業員の業務上の災害により、労働者災害補償保険（政府労災保険）の補償範囲を超える損害賠償リスクに備えるには、施設所有（管理）者賠償責任保険でカバーする。

D．個人情報の漏えいによる、事故対応のための費用や損害賠償リスクに備えるには、個人情報漏えい保険でカバーする。

選択肢の説明

A．適切。

B．適切。

C．不適切。施設所有（管理）者賠償責任保険は、施設の所有・使用・管理または仕事の遂行に伴って生じた偶然な事故により、他人の身体・財産に損害を与えた場合の損害賠償責任に備えるための保険である。従業員の業務上の災害による、労働者災害補償保険（政府労災保険）の補償範囲を超える損害賠償リスクに備えるには、労災上乗せ保険への加入が適している。

D．適切。

正解　C

解説　テキスト第1分冊　127頁〜128頁参照

事業のリスクを主にカバーする経営者向けの損害保険は次のとおりである。

種　類	内　容
会社経営賠償責任保険（D&O保険）	会社役員としての業務執行に起因して、損害賠償請求がなされることによって会社役員が被る経済的損害を補償する保険。
個人情報漏えい保険	個人情報が漏えいし、法律上の損害賠償責任を負担することによって被る被害と、謝罪広告やお詫び状作成費用等の事故対応のために支出した費用損害を補償する保険。
生産物賠償責任保険（PL保険）	第三者に引き渡した物や製品、業務の結果に起因して賠償責任を負担した場合の損害を、身体障害または財物損壊が生じることを条件としてカバーする賠償責任保険。
取引信用保険	取引先企業の倒産・法的整理や遅延等による貸倒れ損害に対して保険金が支払われる売掛債権保全のための保険。
団体長期障害所得補償保険（GLTD）	団体保険の一種で、病気やケガにより長期間に亘って就業が不能になったときの所得を補償する企業の福利厚生制度。
労災上乗せ保険	従業員またはその遺族への上乗せ補償を保険会社が肩代わりするとともに、その補償の額を超えて企業が法律上の賠償責任を負わされることとなった場合に保険金が支払われる保険。
IT賠償責任保険	IT事業者（被保険者）の過失によって、ユーザーから損害賠償請求されるリスクからIT事業者を守る保険。
外航貨物海上保険	海上・航空輸送中に遭遇する火災、爆発、船舶の座礁・乗揚・沈没または転覆、盗難、破損等の偶然な事故によって生じた損害を補償する保険。

法人のリスクと必要保障額および保険の役割

問42　法人のリスクと必要保障額および保険の役割に関する説明について、正しくないものはどれですか。

A．法人として負っている総リスクは、事業保障リスクと相続リスクである。

B．事業保障リスクおよび相続リスクに対応するためには、全期間をカバーできるよう終身保険を選択することが適切と考えられる。

C．法人の事業承継資金・相続対策資金の確保においては、後継者が相続した自社株式を会社で買い取るための資金は生命保険金を原資にするため、終身保険または100歳満期の定期保険が適切と考えられる。

D．後継者が不在の場合、事業清算のための資金を確保するため、会社清算までを保障期間とした定期保険または100歳満期の定期保険が適切と考えられる。

選択肢の説明

A．適切。

B．不適切。リスクが発生する可能性のある期間を超えて生命保険に加入することは、資金の積み立ておよび課税の繰延べといった目的以外であれば、無駄な資金消費になる。

C．適切。

D．適切。

正解　B

解説　テキスト第1分冊　128頁～133頁参照

会社のオーナー経営者は、法人として事業保障リスクと相続リスクを負っている。

総リスクは、この事業保障リスクと相続リストを合わせたものであり、それぞれのリスクがいつまでに顕在化するかにより、リスク量および期間に合わせた生命保険へ加入することが望ましい。一方、リスクが発生する可能性のある期間を超えて生命保険に加入することは、資金の積立ておよび課税の繰延べといった目的がないのであれば、無駄に資金を費消していることになる。

リスクに対して適切と考えられる生命保険を整理すると以下のとおりである。

法人リスク		保障額	保障期間	保険種類
事業保障リスク	事業継続のための資金確保（後継者の存在）	事業の拡大に伴い保障額逓増。後継者の成長とともに逓減。	代表取締役社長退任まで	定期保険 逓増定期
	事業清算のための資金確保（後継者の不在）	定額	会社清算まで	定期保険 100歳定期
相　続 リスク	事業承継資金・相続対策資金の確保	定額または逓増	相続発生まで	終身保険 100歳定期
	死亡退職金・弔慰金の支払資金確保	役員在任期間の長期化とともに逓増。	役員退職まで	逓増定期 100歳定期

総合提案書における資産運用について

問43　総合提案書の役割に関する記述のうち、正しくないものはどれですか。

A．期待収益率とリスクの分析、投資のガイドラインの設定を行う。
B．顧客のファイナンシャルゴールを実現するため、リスク許容度を考慮しない理想とすべき資産配分方針を決定する。
C．運用する資産クラスや金融商品の選択、運用成績の評価などの運用管理手続きを確立する。
D．運用のプロセスとファイナンシャルゴールについてのコミュニケーションを行うための手続きを確立する。

選択肢の説明

A．適切。定義可能な期待収益率を設定し、その期待収益率とリスクの分析を行い、投資のガイドラインを設定する。
B．不適切。顧客のファイナンシャルゴールを実現するため、リスク許容度に即した資産配分方針を決定し、投資適合性診断結果に基づいて、投資対象の資産クラスと投資対象から除外する資産クラスを確定する。
C．適切。運用する資産クラスや金融商品の選択を行い、インデックス対比での運用成績の評価等、運用管理手続きを確立する。
D．適切。運用に関わるすべての関係者間で、運用のプロセス、ファイナンシャルゴールに関するコミュニケーションを行うための手続きを確立する。

正解　B

解説　テキスト第1分冊　136頁～137頁参照

プライベートバンカーは、顧客とその一族に対し、税務面や法務面、また家族のつながりや一体性を強化し、全体最適な総合提案書を作成することが求められている。総合提案書は、①ファミリーミッションと現状分析、②相続・事業承継と資産運用における提案、③モニタリング、の３つの部で構成されている。

総合提案書は、顧客とのコミュニケーションの結果をまとめた合意事項である。運用はリスクを伴い、損失が生じた場合は、顧客からの訴訟リスクもある。このため、どのようにアドバイスし、その結果、顧客と何を合意したかといった、プロセス管理が大切になる。また、状況に応じて投資助言業者や投資一任業者を紹介することも考慮する必要があるが、この場合でも紹介責任があると考え、総合提案書の記載内容どおりの運用が行われているか第三者の目でモニタリングすることを忘れてはならない。

金融資産運用における総合提案書の役割をまとめると下表のとおりである。

役　割	内　　容
目標の設定	顧客の投資期間、リスク許容度、投資経験などを踏まえ、明確で定義可能な期待収益率の設定、期待収益率とリスク（標準偏差）の分析、投資のガイドラインの設定を行う。
資産配分方針の決定	分散投資を実現し、顧客のファイナンシャルゴール、リスク許容度に即した資産配分を実現するための資産配分方針を決定するとともに、投資適合性診断結果に基づき、投資対象とする資産クラス、投資対象から除外する資産クラスを確定する。
運用管理手続きの確立	運用する資産クラス、金融商品の選択、インデックス対比での運用成績の評価等の運用管理手続きを確立する。
コミュニケーション手続きの確立	運用にかかわるすべての関係者間で、運用のプロセスとファイナンシャルゴールに関するコミュニケーションを行うための手続きを確立する。

顧客のファイナンシャルゴール

問44　顧客のファイナンシャルゴールに関する説明として、正しくないものはどれですか。

A．運用提案は、顧客のファイナンシャルゴールを達成するためのものである必要がある。

B．顧客のリスク許容度は、運用対象期間、保有資産の流動性、負債依存度、収入・支出の見積り、保険、運用に対する考え方、期待収益率と予想リスク等に重点をおき情報収集する。

C．プライベートバンカーが最も優先して顧客と相談すべき点は、顧客のリスク許容度や期待リターンである。

D．運用提案は、ファミリーミッション・ステートメント（FMS）を考慮する必要がある。

選択肢の説明

A．適切。

B．適切。

C．不適切。プライベートバンカーは、相続税や事業の状況を踏まえた顧客のライフプランニングから算出された必要キャッシュフローを最優先に、顧客と相談し決定すべきである。

D．適切。ファミリーミッションの中でも事業承継はキャッシュフローに大きく影響するため、ファミリーミッション・ステートメントを考慮した運用が必要になる。

正解　C

解説　テキスト第1分冊　137頁〜139頁参照

プライベートバンカーの運用提案は、顧客のファイナンシャルゴールを達成するためのものである必要があり、相続税や事業の状況を踏まえた顧客のライフプランニングから算出された必要キャッシュフローを最優先に目標値を設定し、顧客と相談し決定していくプロセスが重要である。

顧客のリスク許容度は、運用対象期間、保有資産の流動性、負債依存度、収入・支出の見積り、保険、運用に対する考え方、期待収益率と予想リスク等に重点をおき情報収集する。

また、ファミリーミッションの中でも事業承継はキャッシュフローに大きく影響する。そのため、ファミリーミッション・ステートメント（FMS）を考慮した運用が必要になる。

ファミリーガバナンスの基本構造は下図のとおりである。

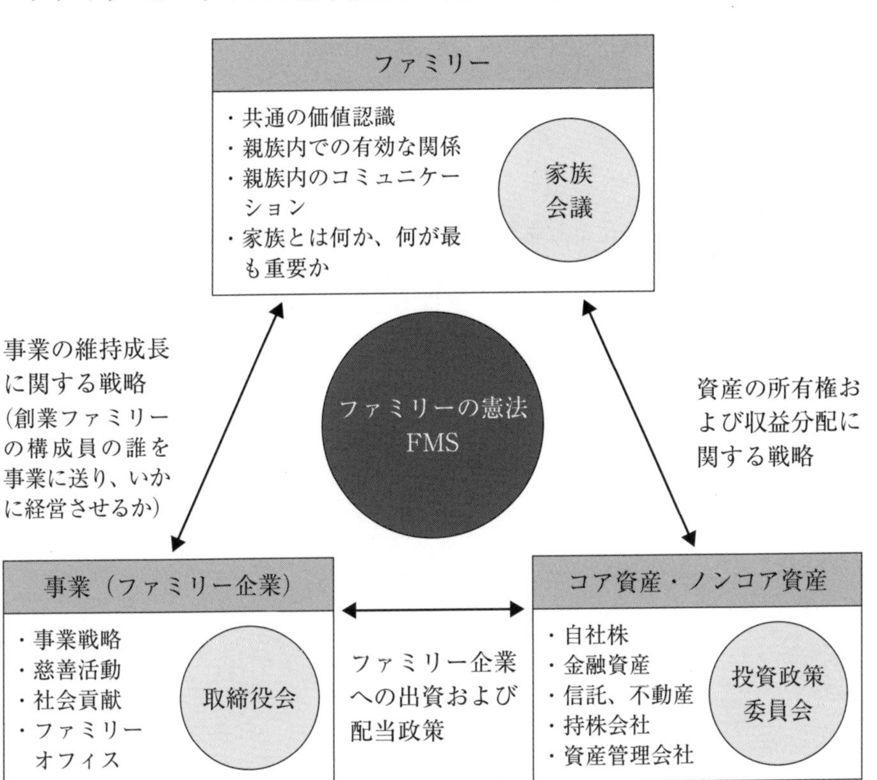

顧客への運用アドバイス

問45　顧客への運用アドバイスに関する説明として、正しくないものはどれですか。

A．資産運用でのプライベートバンカーの役割は、顧客であるファミリーがミッションをクリアするために行おうとしている運用がリスク許容度から考えて適切かどうか、具体的には顧客が将来必要とするキャッシュフローの準備が適切に行われているかどうかを冷静にアドバイスすることである。
B．投資一任契約を締結するためには、投資一任業者登録が必要である。
C．投資一任契約により業務を行う場合は、信託報酬等のコストがかかる。
D．投資信託により業務を行う場合は、顧客は委託者兼受益者となる。

選択肢の説明

A．適切。
B．適切。
C．適切。
D．不適切。投資信託により業務を行う場合は、運用会社が委託者となり、顧客は受益者となる。なお、投資一任契約の場合、顧客は委託者兼受益者である。

正解　D

解説　テキスト第1分冊　140頁～143頁参照

顧客への運用アドバイス方法とその特徴は以下のとおりである。

(1)　投資助言契約により業務を行う場合

金融商品取引法に基づく投資助言業者の登録後、投資助言契約を締結する。プライベートバンカーは助言者となり、顧客の判断で運用を行う。運用コストは小さい。

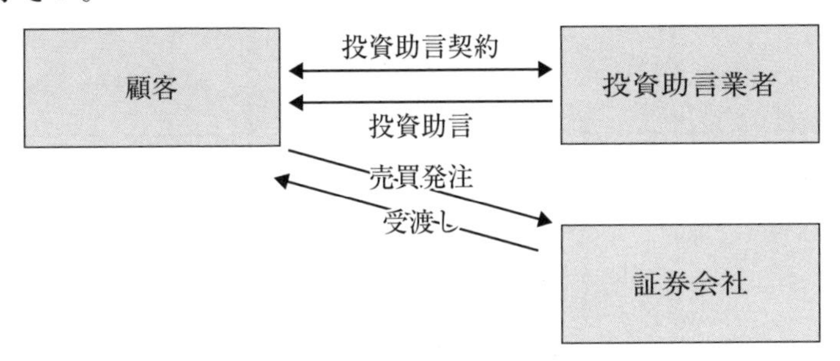

(2)　投資一任契約により業務を行う場合

投資一任業者の登録後、投資一任契約（投資顧問契約）を締結する。プライベートバンカーは顧客からの一任で運用を行う。顧客と信託銀行との間で信託契約を締結するため、信託報酬等のコストがかかる。投資一任契約では、顧客は委託者兼受益者となる。

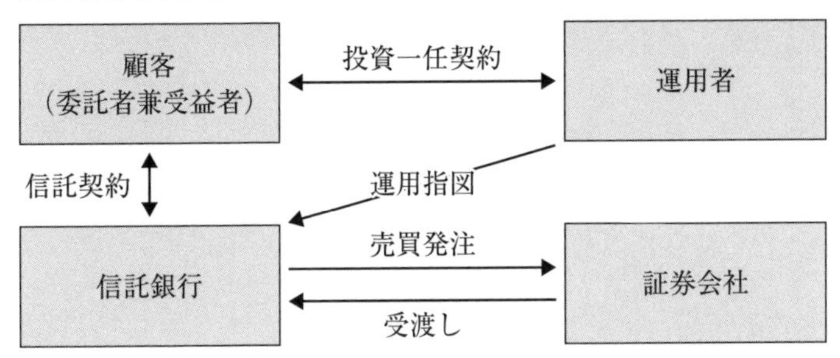

(3) 投資信託により業務を行う場合

運用会社が信託銀行と信託契約を締結する。運用会社は信託契約の委託者として運用指図を行い、顧客は受益者として分配金や償還金の交付を受ける。

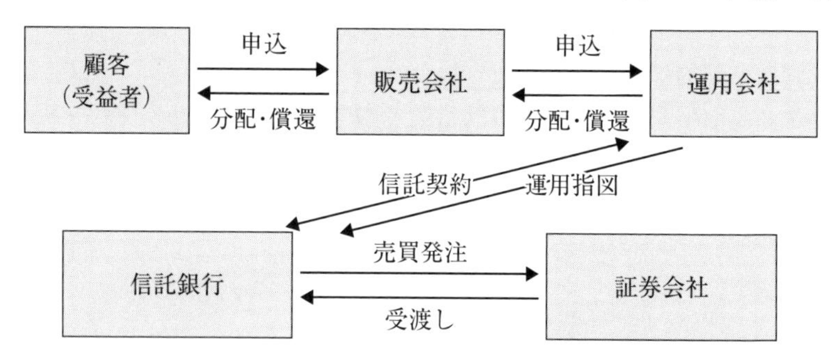

リスクとリターンの概念

問46　リスクとリターンの概念に関する記述のうち正しいものはどれですか。

A．資産運用における将来の収益の源泉は、大きく分けて、売却益や差金決済益などの「インカムゲイン」と、利息や配当などの「キャピタルゲイン」とに分かれる。

B．一般に投資の世界におけるリスクとは、結果が不確実であることを意味し、損失と利益の両方の可能性を含む。日常に使用されるリスクという用語と意味は同じである。

C．通常ローリスクでハイリターンの投資商品は存在せず、「絶対確実ですごく儲かる」といった投資話は存在しない。

D．ハイリスク・ハイリターン型の商品は、リスクも大きいが、リターンも大きい。

選択肢の説明

A．不適切。「インカムゲイン」と「キャピタルゲイン」の説明が逆。

B．不適切。前段は正しい。日常使用される「リスク」という用語は、危険度を意味することが多く、金融の世界で用いるリスクとは、意味が異なる。

C．適切。

D．不適切。「ハイリスク・ハイリターン」とは、大きなリターンを期待すれば、リスクが大きい証券に投資せざるを得ないという意味で、必ずしも大きなリターンを得られることが保証されている訳ではない。

正解　C

解説　テキスト第1分冊　145頁〜147頁参照

リターンとは、資産運用において、将来得られる可能性のある収益を投資金額で割って求められる。将来の収益の源泉としては、大きく分けて、利息や配当などの「インカムゲイン」と、売却益や差金決済益などの「キャピタルゲイン」に分かれる。

また、リスクとは、資産運用において、将来のリターンに不確実性があることをいう。投資の世界におけるリスクは、結果が不確実であることを意味し、損失と利益の両方の可能性を含む。一方、日常使用されるリスクという用語は危険度を意味するため、投資の世界で使用される用語とは異なる。通常、ローリスクでハイリターンの投資商品は存在せず、「絶対確実ですごく儲かる」といった投資話は存在しない。

従って、大きなリターンを期待すれば、リスクが大きい証券に長期投資せざるを得ないことになり、逆にリスクを小さくしたければ、リターンもその分小さくなるという「トレードオフ」の関係が成り立っている。

これにより、基本的な運用商品の種類は、ハイリスク・ハイリターン型、ミドルリスク・ミドルリターン型、ローリスク・ローリターン型の3つのタイプに分けられることになる。しかし、「ハイリスク・ハイリターン型」で注意しなければならないことは、ハイリスク商品が必ずしもハイリターンをもたらす訳ではないということである。

ポートフォリオのリスク

問47　ポートフォリオのリスクの概念に関する記述のうち正しくないものはどれですか。

A．資産運用において、投資資金を複数の投資対象に分散させると、仮に投資対象の一つが値下がりしても他の投資対象でカバーできる可能性が高いため、ポートフォリオ全体の値動きを安定させる（リスクを低減する）効果が期待できる。

B．証券投資における市場リスクとは、リスクのばらつき度合いであり、リスクの平均からの乖離の大きさのことである。

C．金融商品のリターンの大きさの頻度分布において、リーマンショックのように、大きなマイナスリターンのリターン頻度分布の裾野が厚くなる現象のことを「ファット・テール」と呼ぶ。

D．将来のリターンのばらつき度合いが正規分布に従うという考え方を前提にすると、将来発生するリターンの範囲を確率的に把握することができる。この場合の将来のリターンは、約95％の確率で、期待リターン±２標準偏差の範囲に収まる。

選択肢の説明

A．適切。

B．不適切。証券投資における市場リスクとは、リターンのばらつき度合いであり、リターンの平均からの乖離である。

C．適切。

D．適切。なお、将来のリターンは、約68％の確率で、期待リターン±１標準偏差の範囲に収まり、約99.7％の確率で、期待リターン±３標準偏差の範囲に収まる。

正解　B

解説　テキスト第1分冊　147頁～150頁参照

分散投資とは、運用手法の一つで、価格変動リスクを低減するために、投資資金を複数の投資対象に分散して運用することをいう。

投資運用において、投資資金を複数の投資対象に分散させると、仮に投資対象の一つが値下がりしても他の投資対象でカバーできる可能性が高いため、ポートフォリオ全体の値動きを安定させる（リスクを低減させる）効果が期待できる。

証券投資におけるリスクとしては、信用リスクや市場リスクがある。市場リスクとは、リターンのばらつき度合いであり、平均からの乖離である。これを測る尺度としては、一般に分散や標準偏差が用いられる。平均からの散らばり具合が大きければ大きいほどリスクが大きいと定義される。

将来のリターンのばらつき度合いが正規分布に従うという考え方を前提にすると、将来発生するリターンの範囲を確率的に把握することができる。この場合の将来のリターンは以下のとおりになる。

・約68％の確率で、期待リターン±１標準偏差の範囲に収まる。
・約95％の確率で、期待リターン±２標準偏差の範囲に収まる。
・約99.7％の確率で、期待リターン±３標準偏差の範囲に収まる。

標本数が多いほど、ばらつき度合いは正規分布に従う。標本数を多くするには、ある程度の期間が必要となることから、短期の標本でこの確率分布を説明することはできないことに注意が必要である。

共分散・相関係数

問48　共分散・相関係数に関する記述のうち正しくないものはどれですか。

A．共分散とは、環境変化により2つの証券がどの方向に動くかの相関性の程度を判断する概念である。

B．共分散の絶対値は、2つの証券の動きの相関性の程度となり、絶対値が大きいほど相関性は高いと考えられる。

C．相関係数とは、2つの証券の動く方向の相関性の程度を－1から＋1までの範囲で示したものである。

D．2つの証券が無相関の場合、相関係数は－1となる。

選択肢の説明

A．適切。

B．適切。

C．適切。

D．不適切。2つの証券が無相関の場合、相関係数は0となる。

正解　D

解説　テキスト第1分冊　151頁～156頁参照

２つの証券を組み合わせてポートフォリオを形成すると、２つの証券の期待リターンはそれぞれの期待リターンの加重平均値となるが、リスク（標準偏差）は２つの証券の加重平均値よりも小さくなる。これをポートフォリオのリスク低減効果（ポートフォリオ効果）と呼ぶ。一般的には、２つの証券が全く同じ方向に動くことはなく、別々の動きをすることになり、その分リスクは低減する。その低減効果を考えるうえで重要な概念が「共分散」と「相関係数」である。

＜共分散＞

共分散は、２つの確率変数の平均からの差の積の期待値であり、２つの確率変数の間のリターンの関連性を示す。証券Ａと証券Ｂの共分散は、次の式で表される（データ数をｎとする）。

共分散＝Σ ｛(証券Ａのリターン－証券Ａの期待リターン)×(証券Ｂのリターン－証券Ｂの期待リターン)｝×１／ｎ

共分散の符号がプラスであれば２つの証券は同じ方向に動くと予想され、マイナスであれば反対の方向に動くと予想される。その絶対値は２つの証券の動きの相関性の程度となり、絶対値が大きいほど相関性は高いと考えられる。

＜相関係数＞

相関係数は、共分散を２つの確率変数の標準偏差で除することによって共分散を標準化して、相関性の程度を表すようにしたものである。相関係数は、－１～＋１の数値の範囲内で表すことができる。証券Ａと証券Ｂの動きの相関係数は、次の式で表される。

相関係数＝(証券Ａと証券Ｂの共分散)／(証券Ａの標準偏差×証券Ｂの標準偏差)

相関係数の符号がプラスであれば２つの証券は同じ方向に動くと予想され、マイナスであれば反対の方向に動くと予想される。その絶対値は２つの証券の動きの相関性の程度となり、絶対値が大きいほど相関性は高いと考えられる。

ポートフォリオのリスク低減効果

問49　ポートフォリオのリスク低減効果に関する記述のうち正しくないものはどれですか。

A．2つの証券を組み合わせてポートフォリオを形成すると、2つの証券の期待リターンはそれぞれの期待リターンの加重平均値となるが、リスク（標準偏差）は2つの証券の加重平均値よりも小さくなる。これをポートフォリオのリスク低減効果（ポートフォリオ効果）と呼ぶ。

B．2つの証券の動きの相関係数は－1～＋1の範囲で動くが、相関係数が大きくなるにつれて、リスクの低減を図ることができる。

C．相関係数が＋1の場合には、2つの証券は全く同じ方向に動くため、リスク低減効果は得られない。

D．相関係数が－1の場合には、2つの証券のリスク低減効果は最大になる。

選択肢の説明

A．適切。

B．不適切。相関係数が小さくなるにつれて、リスクの低減を図ることができる。

C．適切。

D．適切。

正解　B

解説　テキスト第1分冊　153頁～157頁参照

前問の解説でも述べたとおり、2つの証券を組み合わせてポートフォリオを形成すると、2つの証券のリスク（標準偏差）は2つの証券の加重平均値よりも小さくなり、これをポートフォリオのリスク低減効果（ポートフォリオ効果）と呼んだ。

つまり、証券Ａと証券Ｂの組み合わせは、リスク低減効果により、証券Ａと証券Ｂを結ぶ直線からリスクゼロ（Ｃ点）まであり、その途中では弓型を描くことになる（相関係数が＋１以外の場合、証券Ａと証券Ｂを単独で保有するよりも、混ぜて保有した方がリスクが小さいことを意味する）。

２証券のポートフォリオ効果と効率的フロンティア

期待リターン
ポートフォリオ効果
証券Ａ
相関係数
＝－１の場合
ある相関係数の
効率的フロンティア
（相関係数－１～＋１の場合）
E
C
相関係数＝１の場合
D
証券Ｂ
リスク（標準偏差）

このリスク低減効果の大きさは相関係数によって数値化できる。相関係数が＋１のとき、証券Ａと証券Ｂを結んだ直線になる。相関係数が－１のとき、証券ＡとＣ点、証券ＢとＣ点を結んだ直線になる。その間は弓型を描くことになる（なお、この弓には、Ｄ点とＥ点があるが、どちらも同じリスクであるのに、期待リターンはＥ点の方が大きい。同一リスクのときには期待リターンが大きい方を選好する＜リスク回避型投資家であることが前提＞ため、点線上にあるポートフォリオは選択されない）。リスク回避型投資家が望むポートフォリオの組合せで効率的なのは、この弓型の曲線（効率的フロンティア）上にある組合せであり、効率的ポートフォリオといわれる。

２つの証券を組み合わせてポートフォリオを形成した場合、相関係数が＋１の場合には、２つの証券は全く同じ方向に動くため、リスク低減効果は得られないことになる。しかし、相関係数が小さくなるにつれて、２つの証券は異なって動くことになり、リスクの低減を図ることができるようになる。そして、相関係数が－１の場合に、リスク低減効果は最大になり、リスクをゼロにすることが可能になる。

効率的フロンティアと接点ポートフォリオ

問50　効率的フロンティアと接点ポートフォリオに関する記述のうち正しくないものはどれですか。

A．リスク資産のみから構成されるポートフォリオの集合のうち、リスク・リターンの面から望ましい組み合わせを選択した曲線を効率的フロンティアと呼ぶ。

B．無リスク資産とリスク資産を組み合わせた場合の効率的フロンティアは、無リスク資産から効率的フロンティアへ引いた接線になり、この接点を接点ポートフォリオと呼ぶ。

C．無リスク資産と安全資産は同じ意味で使われる。

D．無リスク資産を考慮に入れる場合、リスク資産における効率的なポートフォリオは、接点ポートフォリオだけであり、リスク資産の構成比率は、投資家の選好にかかわらず一意的に決まる。つまり、投資家の効用や選好はリスク資産の構成比率とは無関係で、投資家はリスク資産と安全資産の比率に関してのみ選好に応じて決定する。これをトービンの分散定理という。

選択肢の説明

A．適切。

B．適切。

C．適切。

D．不適切。トービン（James Tobin、1981年ノーベル経済学賞受賞）の分離定理の説明である。最適なリスク・ポートフォリオは、投資家のリスク回避度とは無関係に一意的に決まる。

正解　D

解説　テキスト第１分冊　156頁～159頁参照

多数のリスク資産について、あらゆる組み合わせのポートフォリオを作って、リスク（標準偏差）を横軸、期待リターンを縦軸にとって、各ポートフォリオをプロットしたとする。投資家は同じリスクであればより高いリターンを期待できるポートフォリオを好む。つまり、許容できるリスクに対して、最大の期待リターンが得られるポートフォリオを保有する。このポートフォリオが描く曲線が問49の図表の効率的フロンティアであり、その曲線上の一群のポートフォリオを効率的ポートフォリオという。

多くの投資家は余剰資金（待機資金）を所有しているため、預貯金のようにリスクのない無リスク資産（安全資産）が存在する場合を考えてみる。下記図表の縦軸のrfがその利子率とすると、無リスク資産とリスク資産を組み合わせた場合の効率的フロンティアは、無リスク資産から効率的フロンティアへ引いた接線になり、この接点を接点ポートフォリオと呼ぶ。つまり、リスクを全く取れない投資家は、すべての資産を無リスク資産で保有し、リスクを取れる投資家は、σmのリスクを許容して期待リターンＥ（rm）を求めることになる。

効率的フロンティアと接点ポートフォリオ

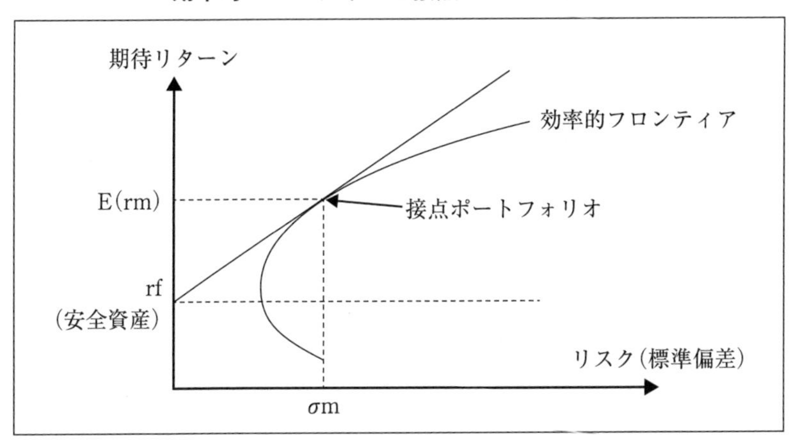

投資対象に安全資産が含まれる場合のリスク回避的投資家の投資プロセスは以下の２点。

① リスク資産から最も効率的なポートフォリオを決定する。

② リスク資産の効率的ポートフォリオと安全資産への投資比率を決定する。

リスク資産における効率的なポートフォリオは接点ポートフォリオだけであるので、リスク資産の構成比率は、投資家の選好にかかわらず一意的に決まる。つまり、投資家の効用や選好はリスク資産の構成比率とは無関係であり、投資家はリスク資産と安全資産への投資比率に関してのみ選好に応じて決定する。これをトービンの分離定理という。

無リスク資産（安全資産）を含むポートフォリオにおける効率的フロンティアは、無リスク資産からリスク資産の効率的フロンティアに向かって引かれた接線であり、この接点におけるリスク資産のポートフォリオは、接点ポートフォリオと呼ばれた。

ここでリスク資産を証券市場に存在するすべての証券から構成されたものとすると、無リスク資産からリスク資産に向かって引かれた接線は、資本市場線（CML：Capital Market Line）と呼ばれ、接点は市場ポートフォリオと呼ばれる。

資本市場線（CML）と市場ポートフォリオ

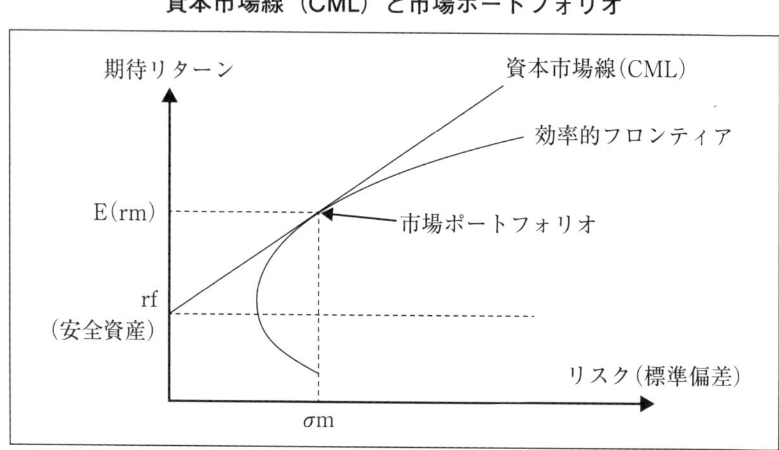

CAPM（資本資産評価モデル）

問51　CAPMに関する記述のうち正しくないものはどれですか。

A．CAPMは、市場にあるすべての証券のリスクと期待リターンが公表されることによって、すべての投資家が各証券の将来価格についての同一の予想をすることができる状況において、リスク資産の期待リターンと価格がどのように形成されるかを理論化したものである。

B．CAPMは、市場全体のリスクプレミアムが個々の資産のリスクプレミアムをβ倍したものであることを意味している。

C．CAPMにおけるβは、個々の資産の収益率が、市場全体の変動に対してどの程度変動するかの感応度を表す値である。

D．CAPMにおけるβは、市場ポートフォリオと個別資産の共分散を、市場ポートフォリオの分散で除したものとして示される。

選択肢の説明

A．適切。

B．不適切。CAPMは、個々の資産のリスクプレミアムが市場全体のリスクプレミアムをβ倍したものであることを意味している。

C．適切。

D．適切。

正解　B

解説　テキスト第1分冊　158頁～160頁参照

ここまでの個々の最適ポートフォリオに関する考え方を市場全体に拡張したものがCAPM（Capital Asset Pricing Model：資本資産評価モデル）である。CAPMは、市場にあるすべての証券のリスクと期待リターンが公表されることによって、すべての投資家が、ポートフォリオ理論に従って行動し、各証券の将来価格についての同一の予想をすることができる状況において、リスク資産の期待リターンと価格がどう形成されるのかを理論化したものである。

CAPMは以下の式で表される。

個別資産の期待リターン

＝無リスク資産のリターン

＋（市場ポートフォリオのリターン－無リスク資産のリターン）× β

⇓

市場リスクプレミアム

β ＝（市場ポートフォリオと個別資産の共分散）／（市場ポートフォリオの分散）

→個別資産の市場ポートフォリオに対する反応の大きさ（感応度）を表す。

この β 値を利用することによって、株主資本の期待リターンが分かり、株主が要求するリターンを計算することが可能となる。そしてこれは株主資本の資本コストに他ならない。そこで得られた株主資本の資本コストを用いて加重平均資本コスト（WACC）を算定することにより、経営者が達成すべき総資産収益率（ROA）の目標値が設定できる。このようにCAPMは証券投資のリスクの大きさを測る尺度としての β の概念を生み出し、「β 革命」と言われるほど革新的であった。

CAPMの計算問題

問52　CAPMを前提として資料に基づき株式の期待収益率を計算した場合、正しいものはどれですか。

＜資料＞

・無リスク資産の期待収益率：１％

・市場ポートフォリオの期待収益率：５％

・β：1.2

A．４％

B．4.8％

C．5.8％

D．６％

選択肢の説明

CAPMは、問51の解説で説明したとおり、以下の式で表される。

個別資産の期待リターン

＝無リスク資産のリターン

＋(市場ポートフォリオのリターン－無リスク資産のリターン)×β

資料に与えられた計数を本式に代入すると、正解が求められる。

１＋(５－１)×1.2＝5.8％

正解　C

解説　テキスト第1分冊　158頁～161頁参照

βが1であれば市場平均と同じ値動きをすることを示し、1より大きければ市場平均より値動きが大きく、逆に1より小さければ市場平均より値動きが小さいことを示す。

例えば、株式市場において、ある銘柄のβが1.5ということは、市場全体が10%上昇するとその銘柄は15%上昇し、逆に市場全体が10%下落するとその銘柄は15%下落することを意味する。

市場リスクと固有リスク

問53　市場リスクと固有リスクに関する記述のうち正しいものはどれですか。

A．CAPMでは、ポートフォリオの総リスクは、市場リスクと固有リスクの和になる。

B．市場リスクは、銘柄分散によって回避できるリスクである。

C．固有リスクは、銘柄分散によって回避できないリスクである。

D．証券の銘柄数を増加させることにより、リスクを減らすことはできるが、減らすことができるのは市場リスクだけであって、固有リスクは消すことができない。

選択肢の説明

A．適切。

B．不適切。固有リスクは、銘柄分散によって回避できるリスクである。

C．不適切。市場リスクは、銘柄分散によって回避できないリスクである。

D．不適切。証券の銘柄数を増加させることにより、リスクを減らすことはできるが、減らすことができるのは固有リスクだけであって、市場リスクは消すことができない。

正解　A

解説　テキスト第1分冊　160頁～161頁参照

(1)　固有リスク

個別証券に固有の変動に伴うリスクで、分散投資により軽減できる。アンシステマティック・リスクともいう。

(2)　市場リスク

マーケットの変動に伴うリスクで、分散投資を行っても軽減できない。システマティック・リスクともいう。

(3)　分散投資がポートフォリオリスクに与える影響

分散投資の結果、個々の証券に対する投資比率が小さくなり、影響も小さくなることに加えて、各証券の固有リスク要因が互いに相殺する効果もある。しかし、市場リスクを消すことはできない。このことから、「分散投資により減らすことができるリスクは固有リスクだけであって、市場リスクは消すことができない」という結論になる。

市場リスクと固有リスク

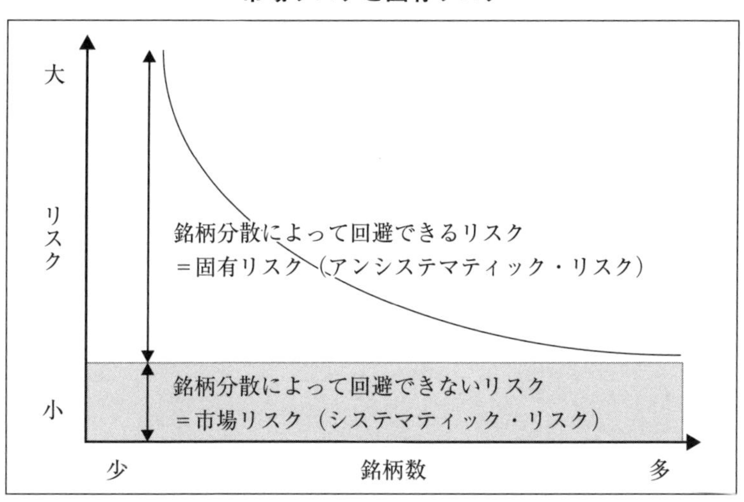

ポートフォリオのリスク分散効果

問54　ポートフォリオのリスク分散効果に関する記述のうち正しくないものはどれですか。

A．ポートフォリオのリスクは、必ず各証券のリスクの加重平均値以下となる。このようなリスク低減効果を銘柄分散効果という。

B．積立投資として毎月あるいは毎年一定金額を積み立てる株式投資は、投資タイミングの分散により、パフォーマンスのリスクが小さくなる。これは、投資時期の分散によるリスクの時間分散効果によるものである。

C．運用商品を選択する際には、顧客のリスク許容度と投資対象のリスク特性を踏まえたうえで判断することが重要となる。

D．リーマンショックの際に、株式価格も債券価格も同一方法で下落した。通常の金融市場での相関関係が順相関であったり逆相関であったりしても、金融危機のような時の相関関係は無相関に変化した。

選択肢の説明

A．適切。

B．適切。

C．適切。

D．不適切。通常の金融市場での相関関係が無相関であったり逆相関であったりしても、金融危機のような時の相関関係は順相関に変化した。

正解　D

解説　テキスト第1分冊　163頁～164頁参照

(1)　銘柄分散効果

ポートフォリオのリスクは、必ず各証券のリスクの加重平均以下となる。このようなリスク低減効果を銘柄分散効果という。ポートフォリオのリスクは、n個資産への分散効果として、一般的に　$1/\sqrt{n}$ の分だけ小さくなる。

(2)　時間分散効果

積立投資として毎月あるいは毎年一定金額を積み立てる株式投資は、投資タイミングの分散により、パフォーマンスのリスクが小さくなる。また、自動的に、安いときに多くの株式を購入し、高いときに少ない株数を購入することになるので、株式相場の平均回帰現象により、毎月同じ株数を購入するよりも、パフォーマンスが高くなる。これらは、投資時期の分散によるリスクの時間分散効果と呼ばれる。

(3)　分散投資とポートフォリオのリスク許容度

ポートフォリオのリスクに対し、顧客である投資家が許容できる評価損益の変動幅がある。顧客のリスク許容度は、年齢、収入、保有資産（余裕資産）、投資経験など様々な要因で定性的に測られ、投資家ごとに個人差がある。このため、運用商品を選択する際には、顧客のリスク許容度と投資対象のリスク特性を踏まえた上で判断することが重要となる。

(4)　金融危機時の銘柄分散効果

リーマンショックの際に株式価格も債券価格も同一方向で下落し、金融危機時には、銘柄分散効果がほとんど期待できないことが認識された。リーマンショック後は、最悪のケースを想定してリスク対策を考えるストレステストが利用されるようになり、その際には銘柄分散効果は期待しないのが一般的である。

ポートフォリオのパフォーマンス評価手法・指標

問55　パフォーマンス評価指標であるシャープ・レシオに関する記述のうち正しくないものはどれですか。

A．シャープ・レシオは、CAPM（資本資産価格モデル）の創始者であるウィリアム・シャープが考案した投資の効率性を測る指標である。

B．シャープ・レシオは、投資において、リスクを取って運用した結果、安全資産から得られる収益をどの程度上回ったかを比較できるようにしたものである。

C．シャープ・レシオは、通常、数値が小さいほど、リスクあたりのリターンが大きいことを意味する。

D．シャープ・レシオは、単純にリターンを比較するのではなく、その裏にあるリスクとの兼ね合いで運用成果を判断しようとするもので、ファンドの運用成績を比較する際に広く用いられる。

選択肢の説明

A．適切。

B．適切。

C．不適切。シャープ・レシオは、通常、数値が大きいほど、リスクあたりのリターンが大きいことを意味する。

D．適切。

正解　C

解説　テキスト第１分冊　165頁～170頁参照

個別証券やファンドのパフォーマンス評価手法のうち主なものを計算方法中心に整理する。

(1)　シャープ・レシオ（左記問題も参照）

ファンドのリターンから無リスク資産のリターンを除いたファンドの超過リターンをリスク（標準偏差）で割ることで、単位リスクに対する超過リターンの大きさが示される。

シャープ・レシオ ＝(ファンドのリターン－無リスク資産のリターン)÷ファンドの標準偏差

(2)　トレイナー・レシオ（トレイナー測度）

ファンドの超過リターンを、ファンドの市場リスクの程度を示すβ値で割ることで、単位リスクあたりのリターンを測定しようとするものである。

トレイナー・レシオ ＝(ファンドのリターン－無リスク資産のリターン)÷β

＊βについては、問51解説を参照（以下同様）。

(3)　インフォメーション・レシオ

投資信託や年金資金などのファンドの運用成績を測るための指標の一つで、アクティブ運用の効率性を示す数値である。

ファンドのベンチマークに対する超過リターンの平均値をトラッキング・エラー(ファンドのベンチマークに対する超過リターン＜アクティブ・リターン＞の標準偏差）で割ることにより求められる。

インフォメーション・レシオ ＝(ファンドのリターン－ベンチマークのリターン)÷トラッキング・エラー

(4)　ジェンセンのアルファ（α）

ファンドの超過リターンから、市場全体の動き（ベンチマーク）に連動したリターンを表すβ値を差し引いたもの。α値が高いほど、ベンチマークのリターンを上回ったことを意味する。つまり、α値は、ファンドの運用者の判断で得られたリターンを表し、運用者の能力評価指標ともいえる。

ジェンセンのα＝ファンドのリターン－CAPMによるリターン…①

ここで問51で説明したとおり、

CAPMによるリターン ＝無リスク資産リターン＋(市場のリターン－無リスク資産リターン)×β

であることから

①式は、

ジェンセンのα＝(ファンドのリターン－無リスク資産リターン) －(市場のリターン－無リスク資産リターン)×β…②

と変形される。

ポートフォリオのパフォーマンス評価手法・指標に関する計算問題1

問56　以下の資料に基づき、トレイナー・レシオとインフォメーション・レシオを計算した場合、正しい組合せはどれですか。

＜資料＞
- ファンドのリターン：2.0%
- 無リスク資産のリターン：1.0%
- ベンチマークのリターン：1.5%
- トラッキング・エラー：0.5
- β：2.0

	トレイナー・レシオ	インフォメーション・レシオ
A.	0.5	0.5
B.	0.5	1.0
C.	1.0	1.0
D.	1.0	1.5

選択肢の説明

トレイナー・レシオは、問55の解説で説明したとおり、以下の式で表される。

> トレイナー・レシオ
> ＝(ファンドのリターン－無リスク資産のリターン)÷β

資料に与えられた計数を本式に代入すると、正解が求められる。

$(2.0-1.0)\div 2.0=\underline{0.5}$

インフォメーション・レシオは、問55の解説で説明したとおり、以下の式で表される。

> インフォメーション・レシオ
> ＝(ファンドのリターン－ベンチマークのリターン)÷トラッキング・エラー

資料に与えられた計数を本式に代入すると、正解が求められる。

$(2.0 - 1.5) \div 0.5 = \underline{1.0}$

正解　B

解説　テキスト第1分冊　166頁～167頁参照

トレイナー・レシオは、ポートフォリオの取ったリスクに対し、リターンがどれだけあったかを示し、数値が大きいほど、そのポートフォリオは効率的に収益をあげたといえる。

インフォメーション・レシオは、リスクを加味した超過リターンの尺度で、ファンドのベンチマークに対する超過リターンの平均値をアクティブ・リターンの標準偏差で割って求める。アクティブ・リターンの標準偏差は、アクティブ・リスクまたはトラッキング・エラーという。

ポートフォリオのパフォーマンス評価手法・指標に関する計算問題 2

問57　以下の資料に基づき、ファンドAとファンドBのジェンセンのα（アルファ）を計算した場合、それぞれの値とパフォーマンス評価が正しい組合せはどれですか。

＜資料＞

	リターン（平均値）	β
ファンドA	9％	1.25
ファンドB	7％	0.5
無リスク資産	2％	0
ベンチマーク	8％	1.0

※ここでのβは、それぞれの市場全体の変動に対する感応度を示す。

	ファンドA	ファンドB	ファンドのポートフォリオのパフォーマンス評価
A.	△0.5	1.5	ファンドAの方が高く評価される
B.	△0.5	2.0	ファンドBの方が高く評価される
C.	0.5	2.0	ファンドAの方が高く評価される
D.	0.5	1.5	ファンドBの方が高く評価される

選択肢の説明

ジェンセンのα（アルファ）は、問55解説⑷②式で説明したとおり、以下の式で表される。

（ファンドのリターン－無リスク資産リターン）－（市場のリターン－無リスク資産リターン）×β

資料に与えられた計数を上記の計算式に代入すると、正解が求められる。

ファンドA：（9－2）－（8－2）×1.25＝△0.5

ファンドB：（7－2）－（8－2）×0.5　＝　2.0

ファンドBの方がファンドAよりもジェンセンのαの値が大きいことから、ファンドBの方が高く評価される。

正解　B

解説　テキスト第1分冊　167頁～170頁参照

ジェンセンのα（アルファ）は、個別証券の評価だけでなく、ファンドのポートフォリオのパフォーマンス評価にも使われる。

この場合のα値は、ファンドのリターンから市場全体の動き（ベンチマーク）に連動したリターンを差し引いたもので、α値が高いほど、ベンチマークのリターンを上回り、それだけリターンが高かったことを意味する。

つまり、α値は、ファンドの運用者の判断によって得られたリターンを表し、運用者の運用能力を図る指標ともいえる。

アセット・アロケーション

問58　アセット・アロケーションのプロセスに関する記述のうち正しくないものはどれですか。

A. アセット・アロケーションとは、投資家のリターン目標、リスク許容度等に応じて、最適な金融資産に配分することをいう。

B. アセット・アロケーションのプロセスでは、まず投資対象となる資産クラスの種類を特定し、それぞれの資産クラスの期待リターンとリスク、および資産クラス間の相関係数を推計する。

C. 複数の資産クラスの配分パターンのうち、一定のリスク水準で最も期待リターンが高いポートフォリオの集合が効率的フロンティアとなる。

D. 効率的フロンティアの中でどれが最適ポートフォリオかは、一意的に決定される。

選択肢の説明

A. 適切。

B. 適切。

C. 適切。

D. 不適切。効率的フロンティアの中でどれが最適ポートフォリオかは、投資家の選好による。投資家の選好は、目標リターン、許容リスク水準などに左右される。

正解　D

解説　テキスト第1分冊　171頁～172頁参照

アセット・アロケーションとは、投資家のリターン目標、リスク許容度、時間軸等に応じて、最適なポートフォリオを決定することをいう。

アセット・アロケーションの一般的なプロセスは以下のとおりである。

① 投資対象となる資産クラスの種類を特定し、それぞれの資産クラスの期待リターンとリスク、および資産クラス間の相関係数を推計する。

② 複数の資産クラスの配分パターンのうち、一定のリスク水準で最も期待リターンが高いポートフォリオの集合が効率的フロンティアとなる。

③ 効率的フロンティアの中でどれが最適ポートフォリオかは投資家の選好による。投資家の選好は、投資家の資産・負債などの財務状況や、目標リターン、必要な流動性、許容リスク水準などに左右される。

④ 顧客との話し合いの中で効率的フロンティアとリスク・リターンの関係を説明し、最適なポートフォリオを決定する。

アセット・ミックス

問59　アセット・ミックスに関する記述のうち正しくないものはどれですか。

A．アセット・ミックスとは、アセット・アロケーションを行った結果として得られる個別資産の構成比率のことをいう。つまり、アセット・アロケーションによって、全部で100％になるように配分された各資産の種類別の組み合わせ（資産構成比）のことを指す。

B．年金資産などの運用において、中長期の投資方針を所定のリスク許容度の範囲で具体化したアセット・ミックスを政策アセット・ミックス（基本ポートフォリオ）という。

C．機関投資家などの運用においては、政策アセット・ミックスの策定と管理が重要視されている。

D．政策アセット・ミックスは簿価ベースのウェイトであるので、経年変化の中で組入比率は変化しない。

選択肢の説明

A．適切。

B．適切。

C．適切。

D．不適切。政策アセット・ミックスは時価ベースのウェイトであるので、経年変化の中で組入比率は変化する。

正解　D

解説　テキスト第1分冊　178頁～179頁参照

アセット・ミックスとは、アセット・アロケーションを行った結果として得られる個別資産の構成比率のことをいう。つまり、アセット・アロケーションによって、全部で100％になるように配分された各資産の種類別の組み合わせ（資産構成比）のことを指す。

年金資産などの運用において、中長期の投資方針を所定のリスク許容度の範囲で具体化したアセット・ミックスを政策アセット・ミックス（基本ポートフォリオ）という。特に、機関投資家などの運用においては、政策アセット・ミックスの策定と管理が重要視されている。

政策アセット・ミックスは時価ベースのウェイトであるので、経年変化の中で組入比率は変化する。価格が上昇するアセットは全体のウェイトが大きくなることから、リバランスを行う必要がある。

さらに経済環境やリスク許容度が変化して、政策アセット・ミックスを変更する場合もあるので、運用管理手続を顧客と相談のうえ、決定しておく必要がある。

年金積立金管理運用独立行政法人（GPIF）では、ウェブサイトの「基本ポートフォリオの考え方」において、関連データを開示して、「基本ポートフォリオ」の構築プロセスを開示している。

国際分散投資

問60　国際分散投資に関する記述のうち正しくないものはどれですか。

A．国内資産だけでなく外国資産を加えて国際分散投資を図ることで、分散投資の効果を更に大きくし、リスク低減効果を高めることができる。

B．外国証券の商品別にみると、債券の方が株式よりも、また新興国証券の方が先進国証券よりも、ハイリスク・ハイリターンの傾向が強い。

C．エマージング（新興国）市場とは、経済が発展途上にある国や地域のマーケットのことをいう。インド、東南アジア、中南米、東欧などの高い潜在成長力が見込まれる新興諸国が投資対象とされる。

D．外国証券投資において重要な点は為替リスクである。為替の変動により投資元本が評価損になるケースもある。金利や株価上昇の長期間の総合的な収益で判断することが重要である。

選択肢の説明

A．適切。国内と海外では、経済状態や成長率が異なり、各証券の収益率の動きも異なることから、外国証券を加えることで、分散効果が大きくなる。

B．不適切。商品別にみると、株式、REIT、債券の順で、ハイリスク・ハイリターンの傾向が強い。地域別にみると、国内証券よりも外国証券の方が、また外国証券の中では先進国証券よりも新興国証券の方が、ハイリスク・ハイリターンの傾向が強い。

C．適切。

D．適切。

正解　B

解説　テキスト第1分冊　183頁～187頁参照

国内への投資に加えて、外国証券への投資を考えた場合、投資対象が格段に増える。世界全体がグローバル化しており、日本のように高齢化が進みデフレ懸念に悩む国もあれば、新興国（エマージング市場）に代表されるように、人口が増加し経済も右肩上がりに成長している国や、米国のようにインターネット関連産業の急激な進化等で景気が急回復した国もある。このように外国証券へ投資対象を広げることにより、国内とは異なった収益源泉を見つけることが可能になる。

また、国内資産だけでなく外国資産を加えて国際分散投資を図ることで、分散投資の効果を更に大きくし、リスク低減効果を図ることができる。国内と海外では、経済状態や成長率が異なり、各証券の収益率の動きも異なることから、外国証券を加えることで、分散効果が大きくなる。

外国証券を商品別にみると、一般的に株式、REIT、債券の順で、ハイリスク・ハイリターンの傾向が強い。地域別にみると、国内証券よりも外国証券の方が、また外国証券の中では、先進国証券よりも新興国証券の方がハイリスク・ハイリターンの傾向が強い。一般にエマージング市場への投資では、経済が急成長・急拡大することにより高いリターンが期待できる反面、経済や市場の仕組みが未成熟であるため、急激なインフレ、通貨価値の暴落などのリスクもあるので、先進国市場と比較してハイリスク・ハイリターンの傾向が強い。

外国証券投資において重要な点は、為替リスクである。為替の変動により投資元本が評価損になるケースもある。金利や株価上昇の長期間の総合的な収益で判断することが重要である。

コア・サテライト投資

問61　コア・サテライト投資に関する記述のうち正しくないものはどれですか。

A．コア・サテライト投資とは、保有する資産をコア部分とサテライト部分に分けて考え運用する戦略をいう。

B．コア部分とサテライト部分をバランスよく保有することで、資産全体としてのリスクやコストを抑えつつ、市場平均よりも高いリターンの確保を目指す運用戦略である。

C．サテライト部分は攻めの役割と位置づけ、十分な調査により、ある程度のリスクを取って、ポートフォリオ全体として市場平均に勝つ可能性を追い求めるための役割を持たせる。

D．コア・サテライト投資のメリットとして、サテライト部分により、ポートフォリオ全体のコストが抑えられることがあげられる。

選択肢の説明

A．適切。コア部分は長期かつ安定的に運用し、サテライト部分はコア部分よりも高いリターンを求めて積極的に運用する。

B．適切。

C．適切。具体的には、アクティブ運用のファンド、ニッチ市場の商品、プライベートエクイティ、不動産、ヘッジファンドなど、様々な投資対象が利用される。

D．不適切。コア・サテライト投資のメリットの一つとして、コア部分により、ポートフォリオ全体のコストが抑えられることがあげられる。

正解　D

解説　テキスト第1分冊　188頁～189頁参照

コア・サテライト投資とは、保有する資産をコア（中核）部分とサテライト（衛星）部分に分けて考え運用する戦略をいう。コア部分は長期かつ安定的に運用し、サテライト部分はコア部分よりも高いリターンを求めて積極的に運用する。コア部分とサテライト部分をバランスよく保有することで、資産全体としてのリスクやコストを抑えつつ、市場平均よりも高いリターンの確保を目指す運用戦略である。

コア部分は、リスクを抑え、中長期的に安定的な運用を目指すことを目的としている。インデックスファンド、ETFなどが投資対象として考えられる。

一方、サテライト部分は、攻めの役割と位置づけ、ある程度のリスクを取って、ポートフォリオ全体として市場平均に勝つ可能性を求めるための役割を持たせる。アクティブ運用のファンド、プライベートエクイティ、ヘッジファンド、個別銘柄などが投資対象として考えられる。

コア・サテライト戦略のメリットとして、一般的に以下の点があげられる。
・コア部分により、ポートフォリオ全体のコストが抑えられる。
・コア部分により、ポートフォリオが代表的な市場平均指数を下回るリスクを低減することができると同時に、サテライトで市場平均に勝つ可能性が高まる。
・ポートフォリオの中で、どの部分のパフォーマンスが良かったか、悪かったかが明確にわかる。
・アクティブ運用だけでポートフォリオを組んだ場合よりも、ボラティリティが低い。
・サテライト部分により、特徴ある資産選択の分散が図られる。

アロケーションのリバランス戦略

問62　アロケーションのリバランス戦略に関する記述のうち正しくないものはどれですか。

A. 年金運用やバランスファンドは、市場の変動によって実際の資産構成割合が目標（あるいは政策）アセット・ミックスの資産比率から乖離していくため、この乖離を縮小する調整が必要で、これをリバランスという。

B. リバランスを行った方が、リスクが小さくなり、逆張りの投資効果もある。

C. 投信のバランスファンドのリバランスをするタイミングは、ファンドによって「1か月に一度」、「±1％以上のずれが生じたとき」など、様々なルールがある。

D. リバランスによって資産の配分比率が一定に保たれるため、ベンチマークに対して、リスクが縮小するというメリットがある。

選択肢の説明

A. 適切。

B. 適切。

C. 適切。

D. 不適切。リバランスによって資産の配分比率が一定に保たれるため、ベンチマークに対して、リスクが一定になるというメリットがある。

正解　D

解説　テキスト第1分冊　189頁～190頁参照

年金運用やバランスファンドは、市場の変動によって実際の資産構成割合が目標（あるいは政策）アセット・ミックスの資産比率から乖離していく。これを放置することは、意図せざるリスクを取ることになるため、この乖離を縮小する調整が必要で、これをリバランスという。一般的に、年金運用やバランスファンドは、許容範囲を超えた場合には調整のためリバランスを行っている。例えば、年金積立金管理運用独立行政法人（GPIF）の基本ポートフォリオでは、乖離許容幅が決められており、この許容幅に達すれば、リバランスが行われる。

投信のバランスファンドのリバランスを行うタイミングは、ファンドによって「1か月に一度」、「±1％以上のずれが生じたとき」など、様々なルールがある。値上がりした分の儲けを使って、別の資産を追加購入するという作業を繰り返すため、リバランスを実施しない場合に比べて資産が増えやすく、運用成績も向上することが多いと考えられている。また、リバランスによって資産の配分比率を一定に保つため、ベンチマークに対し、リスクが一定になるというメリットもある。

リバランスにおいては、機動的にポートフォリオを変更する必要がある。このため、資産の流動化のスピードが重要である。

もっとも、金融商品の中には、流動化までに長い期間を要し、ポートフォリオのリバランスの枠外で考える必要のあるものもある。また、個人の資産のリバランスにおいては、頻繁に売買を行えば税金等のコストが増え続ける影響も考える必要がある。

割引債

問63　債券投資において、額面100円、割引率２％、３年満期の割引債の価格について、正しいのはどれですか。

A．94.00円
B．94.23円
C．96.11円
D．98.00円

選択肢の説明

割引債の額面が100円、割引率年２％、満期まで３年の場合、割引債の価格は、次のとおりである。

$$割引債の現在価格 = \frac{100}{(1+0.02)^3} \fallingdotseq 94.23円$$

正解　B

解説　テキスト第1分冊　193頁～194頁参照

割引債は、発行時に額面金額より割り引いて発行されるクーポン（利息）がゼロの債券のことで、ゼロクーポン債とも呼ばれる。割引債は、クーポンが支払われない代わりに、額面金額より低い価格で発行され、償還時に額面金額で償還されることで、発行価格と額面金額との差（償還差益）が債券投資の収益となる。

割引債の現在価格は、次のとおり計算する。

$$割引債の現在価格 = \frac{額面金額}{(1+割引率)^{満期までの年数}}$$

利付債１

問64　債券投資において、額面100円、クーポンレート年２％、５年満期の利付債について、最終利回り（応募者利回り）を年３％とした場合の債券価格について、正しいものはどれですか。

A．83.74円
B．88.79円
C．90.57円
D．95.65円

選択肢の説明

利付債の額面が100円、クーポンレート年２％、満期まで５年、最終利回り年３％の場合、年間のクーポンは「２円（＝100円×２％）」となり、利付債の価格をX円とすると、最終利回りが年３％のため、以下の式が成り立つ。

$$\frac{2+(100-X)/5}{X}=0.03$$

$$X \fallingdotseq 95.65円$$

正解　D

解説　テキスト第1分冊　194頁～195頁参照

利付債は、債券を利払いの有無で分類した場合に、定期的に利払いが行われるものを指し、通常、額面金額で発行・償還され、クーポンが付いているものをいう。利付債には、クーポンの利率が発行時に決定している固定利付債と利率が市場環境で変動する変動利付債がある。

利付債の現在価値は、以下の式を解くことにより求めることができる。

$$\frac{\text{クーポン}+(\text{額面価格}-\text{現在価値})／\text{償還年数}}{\text{現在価値}}=\text{最終利回り}$$

利付債２

問65　満期５年で年１回３円のクーポンが支払われ、満期時点で確実に額面金額100円が支払われる利付債を考える。２年目に支払われるクーポン３円の現在価値が2.72円のときの割引率として最も適切なものはどれですか。

Ａ．　3.0％
Ｂ．　4.0％
Ｃ．　5.0％
Ｄ．10.0％

選択肢の説明

解説　テキスト第１分冊　194頁～195頁参照

満期がｎ年、毎年支払われるクーポンがＣ、割引率がｒ、額面がＦとすると、利付債の価値Ｂは、以下の式で表される。

$$B=\frac{C}{(1+r)}+\frac{C}{(1+r)^2}+\cdots+\frac{C+F}{(1+r)^n}$$

例えば、満期が３年、クーポンが３％、割引率５％、額面100円の利付債の現在価値は次のように求められる。

$$\frac{3}{(1+0.05)}+\frac{3}{(1+0.05)^2}+\frac{103}{(1+0.05)^3}$$

$$=2.86+2.72+88.98\fallingdotseq 94.56\text{円}$$

クーポンＣは額面Ｆに対して％表示される。ここで、Ｂは右辺の支払いが約束された将来のキャッシュフローの現在価値である。その将来のキャッシュフローを割り引いて現在価値に直すのがｒの割引率である。ｒはどの年も同一である。つまり、Ｂと右辺のキャッシュフローを等しくしているのでｒは**複利**での利回りとなる。この債券、つまり、元本が３年後に償還されクーポンが年３％

というキャッシュフローに対し、５％の利回りを確保できるなら購入する、そのときの価格は約94.56円となる。金利が５％ならば約94.56円でこの債券は購入されることを意味している。

割引率をｒとすると、$\frac{3円}{(1+r)^2}=2.72円$

これをｒについて解くと、ｒ＝5.0％となる。

正解　C

債券の利回り

問66　債券の利回りに関する説明について、正しくないものはどれですか。なお、いずれも単利・年率による利回りとし、手数料、経過利子、税金等については考慮しないものとする。

＜資料＞

長期国債10年物

額面金額：100.00円

クーポン：2.00％

購入価格：99.00円

4年後の債券価格：101.50円

A．新規発行時に購入した場合の応募者利回りは「2.12％」である。

B．新規発行時に購入した場合の直接利回りは「2.02％」である。

C．新規発行時に購入し、4年後に額面100円あたり101.50円で売却した場合の所有期間利回りは「2.65％」である。

D．発行から4年後に額面100円あたり101.50円で購入し、償還まで保有した場合の最終利回りは「1.60％」である。

選択肢の説明

A．適切。応募者利回りは、$\frac{2.00+(100.00-99.00)/10}{99.00}\times 100 \fallingdotseq 2.12\%$

B．適切。直接利回りは、$\frac{2.00}{99.00}\times 100 \fallingdotseq 2.02\%$

C．適切。所有期間利回りは、$\frac{2.00+(101.50-99.00)/4}{99.00}\times 100 \fallingdotseq 2.65\%$

D．不適切。最終利回りは、$\frac{2.00+(100.00-101.50)/6}{101.50}\times 100 \fallingdotseq 1.72\%$

正解　D

解説　テキスト第1分冊　195頁〜196頁参照

債券投資の尺度となる利回りは、次のとおりである。

利回り	内　容	計　算　方　法
応募者利回り	新規発行の債券を発行日に発行価格で購入し、償還期限まで保有した場合の利回り。	$\dfrac{\text{クーポン}+(\text{額面価格}-\text{発行価格})／\text{償還年数}}{\text{発行価格}}$
直接利回り	利付債の購入価格に対して1年間に受け取るクーポンの割合を示したもの。	$\dfrac{\text{クーポン}}{\text{購入価格}}$
最終利回り（単利ベース）	債券を購入した日から満期日まで保有した場合の利回り。	$\dfrac{\text{クーポン}+(\text{額面価格}-\text{購入価格})／\text{残存年数}}{\text{購入価格}}$
所有期間利回り	債券を満期日まで保有せず、途中で売却した場合の利回り。	$\dfrac{\text{クーポン}+(\text{売却価格}-\text{購入価格})／\text{所有期間}}{\text{購入価格}}$

実効利回り

問67　以下の資料に基づき、債券の実効利回りを計算した場合、正しいものはどれですか。

<資料>

残存期間　4年

クーポン：3.0％

再投資レート：3.0％

購入価格：102.00円

ただし、$1.0231^4=1.0957$　$1.0238^4=1.0987$　$1.0249^4=1.1034$　$1.0253^4=1.1051$ とする。

A．2.31％

B．2.38％

C．2.49％

D．2.53％

選択肢の説明

上記資料の債券の実効利回りは、以下の式を満たすｒとして求められる。

$$102=\{3(1+0.03)^3+3(1+0.03)^2+3(1+0.03)+(3+100)\}/(1+r)^4$$

この式を計算すると $(1+r)^4=1.1034$　となるが、上記より $1.0249^4=1.1034$ であるため、$r=2.49\%$が求められる。

正解　C

解説　テキスト第1分冊　196頁～197頁参照

問66で記載した最終利回り、所有期間利回りについては、クーポンの再投資部分が考慮されていない。クーポンの再投資を考慮した複利ベースの利回りを実効利回りという。

購入価格がB、満期がｎ年、クーポンがC、実効利回りがｒ、再投資レートがR、額面がFとすると、以下の式で表される。

$$B = \{C(1+R)^{n-1} + C(1+R)^{n-2} + \cdots\cdots + (C+F)\} / (1+r)^{n}$$

ここで、右辺分子の第１項は、１期目に支払われるクーポンを、ｎ－１期間、再投資レートRで運用することを示しており、これを現在価値に割り戻すために $(1+r)^{n}$ で割っている。

金利の期間構造とイールドカーブ

問68　金利の期間構造とイールドカーブに関する説明について、正しくないものはどれですか。

A．イールドカーブとは、債券の最終利回り（債券を満期まで保有した場合に投資家が最終的に手にする利益のことで、購入価格とクーポンで決まる）と満期までの残存期間との間にみられる関係を示すものである。

B．順イールドとは、償還期間が長いほど金利が高くなっていることを示しており、長期金利が短期金利を上回っている場合にみられる。

C．純粋期待仮説とは、短期金利と長期金利は全く別の市場で、債券市場は投資家の需給関係で決定されるという考えで、異なる満期の債券は全く代替的でないとしている。

D．流動性プレミアム仮説とは、期間の長い債券ほど価格変動リスクが大きいことを表している。短期の債券と長期の債券が部分的に代替的であり、投資家は長期の債券に比べて金利の変動が小さいとみられる短期の債券を選好する傾向があることを前提としている。

選択肢の説明

A．適切。

B．適切。

C．不適切。市場分断仮設の説明となっている。純粋期待仮説は、金利の期間構造は、将来の金利の期待値によって、決定されるという考え方で、異なる満期の債券が相互に完全に代替的であるとしている。

D．適切。

正解　C

解説　テキスト第1分冊　197頁～200頁参照

金利の期間構造とイールドカーブを理解するためのキーワードを整理すると次のとおりである。

【フィッシャー効果】

人々の時間選好や資金需要によって、まず実質金利が決まり、名目金利は実質金利に期待物価上昇率を加えた水準になる、というものである。

フィッシャー関係式：名目金利＝実質金利＋期待インフレ率

【金利の期間構造】

金利の期間構造とは、債券の最終利回り（債券を満期まで保有した場合に投資家が最終的に手にする利益のことで、購入価格とクーポンで決まる）と満期までの残存期間との間にみられる関係を示すものであり、一般的にイールドカーブで表される。イールドカーブとは、残存期間が異なる複数の債券等における利回りの変化をグラフにしたものをいう。

⑴　順イールド（右上がりの曲線）
償還期間が長いほど、金利が高くなっていることを示している。
→長期金利が短期金利を上回っている状態

⑵　逆イールド（右下がりの曲線）
短期金利が長期金利を上回った状態で、金融引締め末期などにみられる。
→短期金利が長期金利を上回っている状態

⑶　スティーブ化（曲線の傾きが大きくなる）
長期金利が上昇し、短期金利との差が拡大した状態で、徐々に将来の見通しが明るくなっているような状況でみられる。このような状況では短期債券のウェイトを高めたり、株式投資にシフトしたりする。
→長期金利と短期金利の差が大きくなる

⑷　フラット化（曲線の傾きが緩くなる）
景気が転換期を迎え、金利水準が今後どう変化するかが不透明な状態。

→長期金利と短期金利の差が小さくなる

(5) パラレルシフト

イールドカーブの傾きが変わらずに、全体が平行に上または下にシフトすることをいう。

【金利の期間構造の代表的な理論】

イールドカーブがどのように決まるのかを説明する代表的な3つの仮説がある。

(1) 純粋期待仮説

金利の期間構造は将来の金利の期待値によって決定されるという考え方で、異なる満期の債券が相互に完全に代替的であるとしている。順イールドは市場参加者が将来金利は上昇すると予測していることを、逆イールドは市場参加者が将来金利は低下すると予測していることを示している。

(2) 市場分断仮説

短期金利と長期金利は全く別の市場であり、債券市場は投資家の需給関係で決定されるという考えで、異なる満期の債券は全く代替的でないとしている。

(3) 流動性プレミアム仮説

期間の長い債券ほど価格変動リスクが大きいことを表している。短期の債券と長期の債券が部分的に代替的であり、投資家は長期の債券に比べて金利の変動が小さいとみられる短期の債券を選好する傾向があることを前提としている。

債券投資のリスク

問69　債券投資のリスクに関する説明について、正しくないものはどれですか。

A．債券が債務不履行に陥る、あるいは格付機関による格下げにより債券価格が大きく下落するリスクを、デフォルトリスクという。

B．市場における債券の流通量が少ないことにより、換金したい時に換金できない、あるいは自らの換金により価格を大きく下げるリスクを金利変動リスクという。

C．外国債券に投資した場合、その国の政治や経済情勢等の変化により、価格が大幅に変動する、あるいは資金の回収が困難になるリスクを、カントリーリスクという。

D．債券がその発行体により満期前に償還されることにより、運用機会を消失するリスクを途中償還リスクという。

選択肢の説明

A．適切。

B．不適切。金利変動リスクとは、市場金利の変動により債券利回りが影響を受け、債券価格が大きく変動するリスクをいう。市場における債券の流通量が少ないことにより、換金したい時に換金できない、あるいは自らの換金により価格を大きく下げるリスクは、流動性リスクである。

C．適切。外国債券に投資した場合、その国の政治や経済情勢等の変化により、価格が大幅に変動する、あるいは資金の回収が困難になるリスクをカントリーリスクという。カントリーリスク情報は、国内外の格付機関や調査機関等から発表されている。

D．適切。

正解　B

解説　テキスト第1分冊　201頁〜203頁参照

債券投資に伴う主なリスクは、下表のとおりである。

リスク	内　　容
金利変動リスク	市場金利の変動により債券利回りが影響を受け、債券価格が大きく変動するリスク。長期債、低クーポン債ほど価格変動が大きい。
デフォルトリスク	債券がデフォルト（債務不履行）に陥る、あるいは格付機関による格下げにより債券価格が大きく下落するリスク。デフォルトリスクが大きくなるほど、利回りは上昇する（価格は下落する）。
途中償還リスク	債券がその発行体により満期前に償還されることにより、運用機会を消失するリスク。
流動性リスク	市場における債券の流通量が少ないことにより、換金したい時に換金できない、あるいは自らの換金により価格を大きく下げるリスク。
カントリーリスク	外国債券に投資した場合、その国の政治や経済情勢等の変化により、価格が大幅に変動する、あるいは資金の回収が困難になるリスク。

信用格付

問70　債券投資の格付に関する説明について、正しくないものはどれですか。

A．債券発行体の財務健全性を判断する場合に参考になる指標として、民間の第三者機関が公表する格付があるが、BBB以上を投資適格債、BB以下を投資不適格債という。

B．格付の高い債券は、格付の低い債券に比べて債券価格は高く利回りも高い。

C．同じ企業が複数の回にわたり債券を発行する場合には、債券の格付は発行時期や利率により異なる場合がある。

D．格付は、債券の信用度を判断する場合に参考となる指標であるが、同じ企業の債券でも格付機関によって格付に差がある場合がある。

選択肢の説明

A．適切。債券発行体の財務健全性を判断する場合に、民間の第三者機関（R＆IやS＆Pなど）が発表する格付があるが、一般に、トリプルB（BBB）以上の格付が付されている債券を「投資適格債」、ダブルB（BB）以下の格付が付されている債券を「投資不適格債（ジャンク・ボンド）」という。

B．不適切。格付が高い債券は、格付が低い債券に比べて人気が高いため、債券価格は高くなり、その結果として利回りは低くなる。

C．適切。債券は、発行体が同一の債券であっても、複数回にわたり債券を発行する場合、発行時期や償還期限までの期間、利率が異なることなどを理由として、格付が異なる場合がある。

D．適切。格付は、債券の信用度を判断する場合に参考となる指標であるが、同じ企業の債券でも格付機関によって格付に差がついたり、発行会社の経営状態の変化などにより、格付が短期間に何段階も見直される場合がある。

正解　B

解説　テキスト第１分冊　204頁参照

信用格付とは、格付機関が国債や社債などの債券投資を行う投資家向けに、将来、元本や利息の支払いが行われるかどうかの信用リスクを記号化して評価することで、その会社のリスク度合いを知らせるものをいう。

格付会社により評価方法や表記は異なるが、一例をあげれば、格付がBBB以上の債券を投資適格債、BB以下の債券を投資不適格債（ジャンク・ボンド）という。一般的には、他の条件が同じであれば、格付が低い債券ほど利回りは高くなる。

代表的な格付会社には、格付投資情報センター（Ｒ＆Ｉ）、ムーディーズ、スタンダード・アンド・プアーズ（Ｓ＆Ｐ）、フィッチなどがある。

発行体格付の格付記号と定義の一例をあげると、下表のとおりである。

格付記号	定　義
AAA	債務履行の確実性が最も高い
AA	債務履行の確実性は極めて高い
A	債務履行の確実性は高い
BBB	債務履行の確実性は高いが、将来確実とはいえない
BB	債務履行に当面問題はないが、将来確実とはいえない
B	債務履行の確実性に問題がある
CCC	現時点で不安定な要素がある
CC	債務不履行（デフォルト）となる可能性が高い
C	債務不履行（デフォルト）となる可能性が極めて高い
D	現時点で債務不履行（デフォルト）をおこしている

債券価格の変動要因

問71　債券投資における価格変動リスク、金利変動リスクに関する説明について、正しいものはどれですか。

A．表面利率が高い債券は、表面利率が低い債券に比べて、金利変動による価格変動リスクが大きい。

B．利付債および割引債は、市場金利が上昇するとそれに応じて債券価格も上昇し、債券の利回りは低くなる。

C．償還期限までの残存期間が長い債券は、短い債券に比べて金利変動による価格変動リスクが大きい。

D．イールドカーブが順イールドであるとき、残存期間の長い債券は、残存期間が短い債券よりも利回りが低くなる。

選択肢の説明

A．不適切。市場の金利が変動した場合、表面利率の低い債券の方が表面利率の高い債券に比べて表面利率に占める市場金利の変動幅の割合が高いため、他の条件を同じとすると、一般的に表面利率の低い債券の方が、金利の変動に対する価格変動幅は大きい。

B．不適切。利付債および割引債は、市場金利が上昇すると、以前から流通していた債券価格が下落することで利回りが調整され、結果として、利回りは上昇する。一方、市場金利が低下すると債券価格が上昇し、利回りは低下する。

C．適切。償還期限までの期間が短くなるにつれて、債券価格は徐々に額面金額に収斂されるため価格変動幅は小さくなる。よって、一般的に他の条件を同じとすると、償還期限までの残存期間の短い債券よりも残存期間の長い債券の方が、金利変動による債券価格の変動幅が大きい。

D．不適切。イールドカーブが順イールド（長期金利が短期金利を上回っている状態）であるとき、残存期間の長い債券は、残存期間が短い債券よりも利回りが高くなる（長期債券が短期債券の利回りを上回る）。一方、逆イールド（短期金利が長期金利を上回っている状態）であるとき、残存期間の長い債券は、残存期間が短い債券よりも利回りは低くなる（短期債券が長期債券の利回りを上回る)。

正解　C

解説　テキスト第1分冊　205頁〜206頁参照

債券市況の変動要因は一般的に次のとおりといわれている。

要因＼債券市況	国内景気		国内物価		為替	
	好況期	不況期	上昇	下落	円安	円高
金利	↗	↘	↗	↘	↗	↘
債券価格	↘	↗	↘	↗	↘	↗

※実際には、このとおりに動かないケースもある。

不況期には企業の設備投資意欲が減退し、個人消費も低調となるため、企業の資金需要は減少する。その結果、金利が下がり、債券価格が上昇する。一方、好況期には資金需要の増加から金利が上昇し、債券価格が下落する。このように債券価格と株価は景気をベースに考えれば、基本的には逆方向に動くことがわかる。そのため、ポートフォリオに株式と債券を組み込めばリスク低減効果が見込める。

債券の種類

問72　債券の種類に関する説明について、正しくないものはどれですか。

A．CBとは、株式に転換する権利が付いた社債のことをいい、株式と債券の２つの特徴をあわせ持つ。

B．通常、パリティ価格が100を上回っているときは株式的価値が高く、100を下回っているときは社債的価値が高いと判断できる。

C．コーラブル債とは、低格付でデフォルトリスクの高い債券のことをいう。

D．仕組債とは、デリバティブ（金融派生商品）を内蔵したハイリスク・ハイリターンの債券のことをいう。

選択肢の説明

A．適切。CB（転換社債型新株予約権付社債）とは、株式に転換する権利が付いた社債のことをいい、株式と債券の２つの特徴をあわせ持つ。CBは社債に新株予約権が付与された形態で発行され、新株予約権を行使することで、発行時に決められた値段（転換価格）で社債を株式に転換することができる。

B．適切。パリティ（パリティ価格）とは、CB（転換社債型新株予約権付社債）を株式に転換する時の理論価格のことをという。パリティは株価に連動し、株価と転換価格が同じときは100となる。通常、100を上回っているときは株式的価値が高く、100を下回っているときは社債的価値が高い。

C．不適切。コーラブル債は期限前償還条項付債券とも呼ばれ、債券の発行体があらかじめ決められた特定日（償還可能日）に、債券を投資家から買い戻すことにより、繰上償還（コール）できる権利が付いた債券のことをいう。

D．適切。仕組債とは、デリバティブ（金融派生商品）を内蔵したハイリスク・ハイリターンの債券のことをいう。

正解　C

解説　テキスト第1分冊　206頁〜209頁参照

主な債券の種類をあげると次のとおりである。

⑴　ワラント債（新株予約権付社債）

新株予約権が付与された社債のことをいう。ワラント（新株予約権）とは、発行した会社に対して権利を行使することによって、その会社の株式の交付を受けることができる権利のことをいう。

⑵　CB（転換社債型新株予約権付社債）

株式に転換する権利が付いた社債をCB（Convertible Bond）といい、株式と債券の2つの特徴をあわせ持つ。

CBは社債に新株予約権が付与された形態で発行され、新株予約権を行使することで、発行時に決められた値段（転換価格）で社債を株式に転換することができる。一方、社債のまま保有し続けると、利付債として定期的に利子を受け取ることができ、償還日には額面金額で払い戻される。一旦株式へ転換した後に社債へ戻すことや、新株予約権を分離譲渡することはできない。

株式に転換して売却するか、CBとしてそのまま売却するかを決定する際には、CBを株式に転換した際のCBの理論価格やCBの市場価格と理論価格との乖離率などが判断材料となる。

⑶　パリティ（パリティ価格）

CB（転換社債型新株予約権付社債）を株式に転換する時の理論価格のことをいう。額面100円に対する金額で表示され、株価を転換価格で割って求められるもので、CBに投資する際の一つの尺度となる。パリティは株価に連動し、株価と転換価格が同じときは100となる。通常、100を上回っているときは株式的価値が高く、100を下回っているときは社債的価値が高い。

⑷　ハイイールド債

ジャンク債（ジャンクボンド）とも呼ばれ、低格付でデフォルトリスクの高い債券のことをいう（S＆P格付で「BB」、Moody's格付で「Ba」、ないしはそれ以下の低格付債券のことを指す）。

一般に、ハイイールド債は信用格付が低く、元本割れが発生するリスクが高い分、利回りは高く設定される。

(5) コーラブル債（期限前償還条項付債券）

債券の発行体が予め決められた特定日（償還可能日）に、債券を投資家から買い戻すことにより、繰上償還（コール）できる権利が付いた債券のことをいう。債券の発行体が償還可能日に繰上償還する権利を有しているため、投資家からすると投資期間が確定しないというリスクがあるが、同期間の債券よりもクーポンが高くなっているのが特徴である。

(6) 仕組債

デリバティブ（金融派生商品）を内蔵したハイリスク・ハイリターンの債券のことをいう。オプションやスワップなどのデリバティブを組み込むことで、通常の債券のキャッシュフローとは異なるキャッシュフローを持つようにした債券が該当する。

通常、これらの債券は、国債や預貯金よりも高いリターンを期待できる反面、中途換金が難しかったり、損失が膨らんだりするリスクがあり、相場環境次第では、償還額が元本を大きく割り込む場合もある。

(7) 物価連動債

債券のパフォーマンスが物価上昇率（インフレ）に連動するように設計された債券である。通常の固定利付債の場合、元本とクーポン利率は固定であり、利払い額および償還額は変動しない。そのため、物価が上昇すると実質的な債券価値は低下することになる。それに対し、物価連動債はクーポン利率は固定だが物価上昇に連動して元本が増加し、利払い額や償還額が増加するため、インフレがおきても実質的な価値が低下しない債券といえる。

日本の低インフレ時代を反映して注目されていなかったが、通常の国債の利回りと物価連動債の利回りの差が、市場のコンセンサスとしての長期予想インフレ率の情報を提供するという重要な機能を持っている。

上場企業の株価評価

問73　会社の経営成績をみる指標に関する説明について、正しくないものはどれですか。

A．自己資本利益率は、自己資本に対する当期純利益の割合を示した指標である。

B．総資本利益率が高ければ、資金の活用効率が低く、逆に低ければ活用効率が高いと判断される。

C．インタレスト・カバレッジ・レシオは、会社の借入金等の利息の支払い能力を図るための財務指標で、金融費用（支払利息・割引料）に対する事業利益（営業利益と受取利息・受取配当金の合計）の倍率をいう。

D．サステイナブル成長率は、外部資金調達を行わずに、内部投資のみで実現できる成長率のことをいう。

選択肢の説明

A．適切。

B．不適切。総資本利益率は、利益を総資本で割ったものであり、この値が高ければ資金の活用効率が高く、低ければ活用効率が低いと判断される。

C．適切。

D．適切。

正解　B

解説　テキスト第1分冊　211頁～215頁参照

企業の経営成績をみる指標として主要なものをあげれば以下のとおりである。

【総資本利益率（ROA：Return On Asset）】

利益を総資本（総資産）で割った指標で、企業が株主および債権者が提供しているすべての資本をどの程度効率的に活用し利益を上げているかを示す指標である。この値が高ければ、資金の活用効率が高く、低ければ活用効率が低いと判断される。分子の利益には通常、事業利益が使われる。

$$\text{総資本事業利益率(ROA)} = \frac{\text{事業利益}}{\text{総資本}}$$

ROAは以下の2指標に分解できる。

ROA＝売上高事業利益率×総資本回転率

$$\frac{\text{事業利益}}{\text{総資本}} = \frac{\text{事業利益}}{\text{売上高}} \times \frac{\text{売上高}}{\text{使用総資本}}$$

【自己資本利益率（ROE：Return On Equity）】

当期純利益（株主に帰属する利益）を自己資本（純資産）で割った指標で、株主が提供している資金を企業がどの程度効率的に活用し利益を上げているかを示す指標である。この値が高ければ、資金の活用効率が高く、低ければ活用効率が低いと判断される。また株価の値上がりと配当収入を合わせたトータルリターンは、ROEと密接に関連していることが確認されている。

$$\text{自己資本当期純利益率(ROE)} = \frac{\text{当期純利益}}{\text{自己資本}}$$

ROEを以下の3指標に分解し、改善すべき点を明確化して経営戦略を立案することができる。

ROE＝売上高当期純利益率×総資本回転率×財務レバレッジ

$$\frac{\text{当期純利益}}{\text{自己資本}} = \frac{\text{当期純利益}}{\text{売上高}} \times \frac{\text{売上高}}{\text{使用総資本}} \times \frac{\text{使用総資本}}{\text{自己資本}}$$

【インタレスト・カバレッジ・レシオ】

会社の借入金等の利息の支払い能力を図るための財務指標で、金融費用（支払利息・割引料）に対する事業利益（営業利益と受取利息・受取配当金の合計）の倍率をいう。企業の信用力（安全性）を評価するための指標で、年間の事業利益が金融費用の何倍であるかを示しており、この倍率が高いほど、有利子負債の返済の安全性が高く、会社の金利負担能力が高い（財務的に余裕がある）といえる。

金融機関が融資を行う際や格付会社が社債等の格付を行う際に重視している。

$$\text{インタレスト・ガバレッジ・レシオ} = \frac{\text{営業利益} + \text{受取利息・配当金}}{\text{支払利息・割引料}}$$

【サステイナブル成長率】

外部資金調達を行わずに、内部投資のみで実現できる成長率のことをいう。企業の成長を支えるのは、内部に再投資した資本が生み出す利益やキャッシュフローであることから、持続的な成長を示す指標として重視されている。

$$\begin{aligned}\text{サステイナブル成長率}(\%) &= \text{ROE}(\text{自己資本利益率}) \times \text{内部留保率} \\ &= \text{ROE}(\text{自己資本利益率}) \times (1 - \text{配当性向})\end{aligned}$$

株式価値の評価尺度1

問74　株式価値の評価尺度に関する説明について、正しいものはどれですか。

A．PERは、株価が1株当たり自己資本の何倍になっているかを示した指標である。

B．PBRは、株価が1株当たり純利益の何倍になっているかを示した指標である。

C．PERによる株価分析は、この値が高いほど割高と判断される。

D．PBRによる株価分析は、この値が大きいほど割安と判断される。

選択肢の説明

A．不適切。PER（株価収益率）は、株価を1株当たりの当期純利益で割ったもので、株価が1株当たり当期純利益の何倍になっているかを示している。

B．不適切。PBR（株価純資産倍率）は、株価を1株当たりの純資産（自己資本）で割ったもので、株価が1株当たり純資産（自己資本）の何倍になっているかを示している。

C．適切。

D．不適切。PBRは、企業の価値にあたる自己資本（純資産）と株価の比率を示している。この値が大きいほど株価は割高と判断される。

正解　C

解説　テキスト第1分冊　215頁～219頁参照

投資の意思決定をするためには実際に取引されている現在の株価が公正価値（理論価格）と比較して割安か割高かを判定する必要がある。株価と財務情報を対比して割安割高の判定に役立つものとして主に以下の指標が利用されている。

【株価収益率（PER：Price Earnings Ratio）】

株価を1株当たりの当期純利益で割った指標で、株価が1株当たりの当期純利益の何倍まで買われているかを示している。この値が高ければ、企業が上げている利益に対して株価は割高、低ければ割安と判断される。一般にPERは、業種や成長段階により水準が異なるため、業種平均との比較や、その会社の過去の数値との比較から、割安か割高かを判断する。

$$株価収益率(PER) = \frac{株　価}{1株当たりの当期純利益(EPS)}$$

【1株当たりの当期純利益（EPS：Earnings Per Share）】

企業の成長性をみる指標として使われる。過去のEPSの推移をみることで成長力を分析し、将来の株価を予測するのに役立つ。

$$1株当たりの当期純利益(EPS) = \frac{当期純利益}{発行済株式数}$$

【株価純資産倍率（PBR：Price Book-value Ratio）】

利益が出ていない赤字会社はPERでは株価の評価ができない。そこで、赤字会社の安定性をみるために純資産と株価の比較で評価を行う指標である。株価を1株当たりの純資産（BPS）で割った指標で、株価が1株当たり純資産の何倍まで買われているかを示す。数値（倍率）が高いほど割高、低いほど割安とされる。PBRが1倍未満の株価とは企業が持つ資産価値（1株当たりの自己資本投資額）を株価が下回っていることを意味するため、理論的には1倍が株価の1つの下限と考えられる。

$$株価純資産倍率(PBR) = \frac{株\quad価}{1株当たり純資産(BPS)}$$

【1株当たり純資産（BPS：Book-value Per Share)】

企業の安定性をみる指標として使われる。BPSが高いほど、その企業の安定性は高いといえる。

$$1株当たり純資産(BPS) = \frac{純資産}{発行済株式数}$$

【株価キャッシュフロー倍率（PCFR：Price Cash Flow Ratio)

株価を1株当たりのキャッシュフローで割ったもので株価が1株当たりキャッシュフローに対して何倍まで買われているかを示す指標。数値（倍率）が高いほど割高で、数値（倍率）が低いほど割安とされる。

キャッシュフローは、税引き後当期純利益に減価償却費を加えたものであることから、減価償却方法の異なる企業の収益力の比較が可能になる。また、PERと異なり、会計制度の影響を受けにくく、国際的な株式投資の指標として利用されることも多い。

$$株価キャッシュフロー倍率(PCFR) = \frac{株\quad価}{1株当たりキャッシュフロー}$$

【株価売上高比率（PSR：Price to Sales Ratio)

株価を1株当たりの売上高で割ったもので、株価が1株当たり売上高に対して何倍まで買われているかを示す指標。数値（倍率）が高いほど割高で、数値（倍率）が低いほど割安とされる。

PSRは、売上高の増加が株主価値の増加につながる可能性が高い企業の評価に適しており、業種では小売業が該当するが、まだ利益水準が低い新興企業の株価を評価する際にPERやPCFRの先行指標として利用されることもある。

$$株価売上高比率(PSR) = \frac{株\quad価}{1株当たり売上高}$$

株式価値の評価尺度２

問75　企業の効率性を測る指標であるROEが８％、BPS（１株当たり純資産）が100円のとき、EPS（１株当たり当期純利益）はいくらになりますか。

A．４円
B．８円
C．12円
D．16円

選択肢の説明

解説　テキスト第１分冊　211頁～213頁、216頁～217頁参照

ROE、BPS、EPSについては問73、問74を参照。

自己資本当期純利益率（ROE）

$$= \frac{\text{当期純利益}}{\text{自己資本（純資産）}} = \frac{\text{当期純利益／発行済株式数}}{\text{純資産／発行済株式数}} = \frac{\text{EPS}}{\text{BPS}}$$

従って、EPS＝ROE×BPS＝８％×100円＝８円

正解　B

配当割引モデル方式による株価評価

問76　一株あたりの配当金が毎年50円、割引率が５％、配当金の成長率が３％のとき、配当割引モデル（定率成長モデル）により計算した株価はいくらですか。計算結果は小数点未満を四捨五入すること。

Ａ．1,667円
Ｂ．2,500円
Ｃ．3,000円
Ｄ．5,000円

選択肢の説明

株価をＰ、配当金をＤ、割引率をｒ、配当金の成長率をｇとすると、定率成長モデルでは、Ｐ＝Ｄ／（ｒ－ｇ）で表される。

よって、Ｐ（株価）＝50円／（0.05－0.03）＝2,500円となる。

正解　Ｂ

解説　テキスト第１分冊　219頁～222頁

多期間の株式評価モデルとして配当割引モデル（DDM）がある。

「資産の価値は、その資産を保有することによって将来得られるキャッシュフローを現在価値に割り引いて計算する」との考え方に基づいて株式を評価したのが、配当割引モデル（DDM：Dividend Discount Model）である。配当割引モデルには、割引率も１株当たり配当も一定であると仮定する定額配当割引モデル（ゼロ成長モデル）と、割引率が一定で１株当たり配当が一定割合で増加すると仮定する定率成長モデルがある。

下記のモデルで共通して重要な数値は割引率である。割引率は株主資本コストともいう。その具体的な求め方は(5)の項目で扱う。

(1)　定額配当割引モデル（ゼロ成長モデル）

現在の株価をＰ、配当金をＤ、割引率をｒとすると、株価Ｐは以下のように表すことができる。

$$P = \frac{D}{1+r} + \frac{D}{(1+r)^2} + \frac{D}{(1+r)^3} + \cdots + \frac{D}{(1+r)^n} + \cdots$$

ここで、配当金が永続的に支払われると仮定すると、以下の近似式で置き換えられる。

$$P = \frac{D}{r}$$

これを定額配当割引モデル、あるいはゼロ成長モデルという。

(2)　定率成長モデル

次に、現在の株価をＰ、配当金をＤ、割引率をｒ、配当金の成長率をｇとすると、株価Ｐは以下のように表すことができる。

$$P = \frac{D}{1+r} + \frac{(1+g)D}{(1+r)^2} + \frac{(1+g)^2 D}{(1+r)^3} + \cdots + \frac{(1+g)^{n-1} D}{(1+r)^n} + \cdots$$

ここで、配当金が永続的に支払われると仮定すると、以下の近似式で置き換えられる。

$$P=\frac{D}{r-g}$$

これを定率成長（配当割引）モデル（ゴードンモデル）という。

配当割引モデルでは、無配の場合や、フリーキャッシュフローに比して配当が少ない場合、株式の価値を正確に評価することが難しくなる。そこで、配当の代わりに毎年企業が生み出すフリーキャッシュフローの額を割引いて株式の価値を評価するモデルを株主フリーキャッシュフロー割引モデルという。

⑶　株主フリーキャッシュフロー割引モデル

株主フリーキャッシュフローを用いる株価モデルの式は、配当割引モデルの１株当たり配当を、１株当たり株主フリーキャッシュフロー（FCFE）に置き換えれば良い。

株主フリーキャッシュフロー＝当期純利益－投資純増－負債返済

と定義される。

$$P=\frac{FCFE}{1+r}+\frac{(1+g)FCFE}{(1+r)^2}+\frac{(1+g)^2FCFE}{(1+r)^3}+\cdots+\frac{(1+g)^{n-1}FCFE}{(1+r)^n}$$

ここで、一定の株主フリーキャッシュフローが永続的に支払われると仮定すると、以下の近似式で置き換えられる。

$$P=\frac{FCFE}{r-g}$$

⑷　残余利益割引モデル

配当やキャッシュフローという単一の会計数値を使うことによる不安定さを是正するために考案されたのが、残余利益割引モデル（Discounted Residual Income Model）である。

残余利益とは、当期純利益から株主の期待収益を引いたもの、つまり株主の期待収益率を上回る利益をいう。１株当たり残余利益をSURPLUS、１株当たり純資産をＢという記号で表し、前述の定率成長配当割引モデルを変形すると下記のようなモデルを得る。

$$P = B + \frac{SURPLUS}{r - g} = B + \frac{(ROE - r)B}{r - g}$$

(5) 上場企業の株主資本コストの求め方

前記(1)〜(4)において、最も重要なパラメータは、割引率＝株主要求収益率＝株主資本コストである。上場企業の株主資本コストは、通常CAPM理論を利用する。

$$\beta = \frac{（市場ポートフォリオと個別資産の共分散）}{（市場ポートフォリオの分散）}$$

とすると、CAPMによって以下の式で株式期待リターン（株主要求収益率）を求める。

個別株式の期待リターン＝無リスク資産のリターン
　　＋β×（市場ポートフォリオのリターン－無リスク資産のリターン）

投資信託のメリットとデメリット

問77　投資信託に関する説明について、正しくないものはどれですか。

A．投資信託を活用するメリットの１つとして、少額から分散投資が可能である点がある。

B．投資信託を活用するデメリットの１つとして、売却時の制約を受ける可能性がある点がある。

C．ファンド・オブ・ファンズとは、株式や債券など複数の個別銘柄に分散投資することである。

D．ファンド・オブ・ファンズのデメリットの１つとして、運用状況が通常のファンドに比べて分かりづらい点がある。

選択肢の説明

A．適切。

B．適切。

C．不適切。ファンド・オブ・ファンズとは、株式や債券などの個別銘柄へ投資するのではなく、複数のファンドへ投資するファンドである。

D．適切。

正解　C

解説　テキスト第1分冊　225頁〜227頁参照

投資信託を活用するメリット・デメリットとしては次のようなものがある。

メリット	・少額から分散投資が可能 株式や債券について個別銘柄を選んで十分に分散投資することは、個人で行うには難しい面があるが、投資信託であれば可能となる。 ・専門家に運用を任せることができる 個人投資家ではアクセスしにくい海外の株式や債券に投資できる。 ・透明性が高い 基準価格が日々公表される、決算ごとに監査法人の監査を受ける。
デメリット	・諸経費がかかる 販売手数料、信託報酬、解約手数料などがかかってくるため、目論見書等を確認し、同種のファンドを比較するなどの検討が必要。 ・売却時の制約がある 公募契約型投資信託の売却時の基準価格は、売却約定日以降に決まるため、必ずしも申込時点での価格で売却できるわけではない。商品によっては一定期間換金できない「クローズド期間」が設定されているものもある。

複数の投資信託（ファンド）を適切に組合わせて、一つの投資信託（ファンド）にまとめたものをファンド・オブ・ファンズ（Fund of funds）という。

ファンド・オブ・ファンズは、株式や債券などの個別銘柄へ投資するのではなく、複数のファンドへ投資するファンドであり、運用会社に銘柄選びを任せるのではなく、ファンド選びを任せることになる。

ファンド・オブ・ファンズのメリット・デメリットは次のようなものがある。

メリット	・購入者は複数の投資信託の選択を行う手間が省ける ・運用のプロによって、ファンド選択が行われる ・分散投資効果が高く、リスクを低減できる ・既に実績のあるファンドの付加価値を統合できる ・資産配分方針により、自動的にリバランスが行われる ・運用する会社や人を分散できる ・リサーチや運用を効率化できる
デメリット	・運用報酬が二重にかかるなどコストが高くなる ・運用状況が通常のファンドに比べて分かりづらい

投資信託のコスト

問78　投資信託のコストに関する説明について、正しくないものはどれですか。

A．公募契約型投資信託にかかるコストとしては、購入時の販売手数料など直接的に負担するものと、運用管理費（信託報酬）などの間接的に負担するものがある。

B．公募会社型投資信託においては、株式売買手数料を支払う必要があるが、証券会社の手数料体系によっては、取引ごとではなく、一定期間定額料金の場合もある。

C．ノーロード型ファンドは、購入時に販売手数料がかかるが、購入後の運用管理費（信託報酬）などは無料である。

D．ラップ口座においては、売買による手数料はかからず、顧客から預かっている運用資産残高に応じて、予め決められた比率の残高手数料がかかる。

選択肢の説明

A．適切。

B．適切。

C．不適切。ノーロード型ファンドは、購入時の販売手数料は無料であるが、購入後の運用管理費（信託報酬）などは有料であるうえに、運用管理費が高めになっていることもある。

D．適切。

正解　C

解説　テキスト第1分冊　227頁～229頁参照

投資信託の主なコストは次のとおりである。

・購入の申込みをする時　→　購入時手数料
・保有している間　　　　→　運用管理費（信託報酬）
・換金等をする時　　　　→　信託財産留保額

投資信託のコストの特徴をタイプ別にみると次のとおりである。

(1)　公募契約型投資信託

コストには、購入時の販売手数料、換金時の換金手数料（信託財産留保額）、利益や分配金に対する税金など、直接的に負担するものと、購入時の募集手数料、監査報酬や保有時の運用管理費（信託報酬）、ファンド内の組入証券の売買委託手数料など、間接的に負担するものがある。

(2)　公募会社型投資信託

証券会社に口座開設し、証券会社を通じて証券取引所で売買を行う。投資家は証券会社に「株式売買手数料」を支払う必要がある。証券会社の手数料の体系によっては、取引ごとではなく、一定期間定額料金の場合もある。

(3)　ノーロード型ファンド

購入時にかかる販売手数料が無料の投資信託をいう。ノーロード型ファンドは、購入時に手数料を節約できるが、購入後の信託財産留保額や運用管理費（信託報酬）などのコストがかかるほか、販売手数料を無料とする代わりに、運用管理費が高めになっていることもあるので、購入を検討する際には、すべてのコストをよく確認し、総合的に判断することが必要である。

(4)　ラップ口座

証券会社や信託銀行などの金融機関が顧客と投資一任契約を締結し、顧客の資産運用や管理、投資アドバイスなどの金融サービスを包括的に提供する口座のことをいう。ラップ口座では、売買による手数料はかからず、顧客から預かっている運用資産残高に応じて、予め決められた比率の残高手数料がかかる。つまり、顧客の運用資産残高が増えると、サービスを提供している金融機関の手数料収入も増える仕組みのため、顧客と金融機関が資産を増やすという同じ目標を共有することになる。

投資信託の取引と分配金

問79　個人投資家が保有する投資信託の個別元本が11,000円の場合、収益分配金にかかる所得税等はいくらですか（税率を20.315％として計算し、小数点以下を切り捨てること）。

＜資料＞

収益分配金　　：　500円
分配前基準価額：11,200円
分配後基準価額：10,700円

A．約　0円
B．約 40円
C．約 60円
D．約101円

選択肢の説明

分配後基準価額（10,700円）＜個別元本（11,000円）なので、
・元本払戻金（特別分配金）：11,000円－10,700円＝300円
・普通分配金　　　　　　　：　500円－　300円＝200円
となる（次ページ解説参照）。
よって、所得税は200円×20.315％＝約40円となる。

正解　B

解説　テキスト第1分冊　229頁～231頁参照

公募契約型投資信託を例に取ると、その取引の特徴は以下のとおりである。

購入したい投資信託の取り扱いのある証券会社や銀行などの販売会社で購入申し込みを行う。取引価格は申込日の基準価格であるが、申し込みは市場の終値が決定するまでとなっているため、終値が確定する翌日に判明することになる。これをブラインド方式と呼ぶ。

基準価格とは、投資信託の単位口数あたりの価格（時価）を表し、購入または換金の際の基準となる価額のことをいう。

基準価格
　＝信託財産の純資産総額（資産の営業日毎の時価＋利息・配当金－運用コスト）／受益権口数

分配金の特徴は以下のとおりである。

分配金とは、投資信託の分配可能原資の中から、決算の後に支払われる金銭のことをいう。所定期間の運用の結果、得られた収益を口数に応じて決算ごとに投資家に分配するもので、予め定められた収益分配方針に従って、どれくらい出すかを運用会社が決定する。追加型投資信託の分配金には、課税対象となる普通分配金と課税対象とならない元本払戻金（特別分配金）の2つがある。

【普通分配金】 ファンドの分配落ち後の基準価格が、受益者の個別元本と同額かまたは上回っている場合に支払われる分配金をいう。
【元本払戻金（特別分配金）】 ファンドで支払われる収益調整金を原資とする分配金をいう。税務上、元本部分の払い戻しであると考えられるため、非課税となる。

普通分配金
個別元本
分配後基準価額

普通分配金
元本払戻金
個別元本
分配後基準価額

パッシブ運用(インデックス運用)とアクティブ運用

問80　投資信託の運用に関する説明について、正しくないものはどれですか。

A. パッシブ運用（インデックス運用）とは、日経平均株価やTOPIXなどの市場の代表的なインデックスの動きに連動したパフォーマンスを目指す運用である。

B. アクティブ運用とは、ベンチマークや市場平均を上回るリターンを上げることを目指す運用である。

C. アクティブ運用には、経済や市場などマクロ的な投資環境の予測から投資対象を選択するボトムアッププアプローチと、個別銘柄の投資価値を判断し、その積み上げによる相対的な比較からポートフォリオを構築するトップダウンアプローチがある。

D. レバレッジ運用とは、相場が一方向に動くと確信があるときに利用される運用で、相場の上昇に対して投資成果を目指すブル型と、相場の下落に対して投資成果を目指すベア型がある。

選択肢の説明

A. 適切。

B. 適切。

C. 不適切。アクティブ運用には、経済や市場などマクロ的な投資環境の予測から投資対象を選択するトップダウンアプローチと、個別銘柄の投資価値を判断し、その積み上げによる相対的な比較からポートフォリオを構築するボトムアッププアプローチがある。

D. 適切。

正解　C

解説　テキスト第1分冊　231頁～234頁参照

パッシブ運用（インデックス運用）とアクティブ運用の特徴は下表のとおりである。

	パッシブ運用（インデックス運用）	アクティブ運用
運用目標	日経平均株価やTOPIXなどの市場の代表的なインデックスの動きに連動したパフォーマンスを目指す。	ベンチマークや市場平均を上回るリターンを上げることを目指す。
投資対象	インデックス構成銘柄に投資する。	経済や市場動向などマクロ的な投資環境の予測から投資対象を選択するトップダウンアプローチと、個別銘柄の投資価値を判断し、その積み上げによる相対的な比較に基づいてポートフォリオを構築するボトムアップアプローチがある。
コスト	相対的に低い	相対的に高い
投資のポイント	運用にかかるコストを抑えられる	ファンドマネージャーの能力に依存する

その他の代表的運用手法は次のとおりである。

・クォンツ運用

システム運用とも呼ばれ、マーケットや経済情勢などのデータによってコンピュータを利用した数理モデルに従って運用する投資スタイル。

システムによる運用のため、相場の雰囲気に影響されないという強みがある一方で、過去のデータに基づくため、市場環境の変化や想定外の事態に弱いこと、他者に真似されやすいなどの弱みもある。

・レバレッジ運用

相場が一方向に動くと確信があるときに利用される。

先物を利用して、相場の上昇に対して2倍、3倍等の投資成果を目指すファンドをブル型、相場の下落に対して2倍、3倍等の投資成果を目指すファンドをベア型という。

投資対象は、株価指数先物や債券先物、為替先物などである。

バリュー投資とグロース投資

問81　バリュー投資とグロース投資に関する説明について、正しくないものはどれですか。

A．バリュー投資とは、割安株とも呼ばれ、企業のビジネス価値を分析して、利益や資産などの基準に対して割安なものに投資することをいう。

B．グロース投資とは、成長株投資とも呼ばれ、企業の将来の利益成長率を重視し、業績の伸びが期待できる銘柄を探し、成長に伴って株価が上昇することを狙って投資することをいう。

C．バリュー投資の対象先選択の基準は、市場平均と比べて、PERやPBRが高く、配当利回りが低いものである。

D．グロース投資は、成功した場合は大きなリターンを得られるが、対象銘柄を見つけることは難しく、また長期間に亘って辛抱強く保有する必要がある。

選択肢の説明

A．適切。

B．適切。

C．不適切。バリュー投資の対象先選択の基準は、市場平均と比べて、PERやPBRが低く、配当利回りが高いものなどである。

D．適切。

正解　C

解説　テキスト第1分冊　234頁～235頁参照

バリュー投資とグロース投資の特徴は下表のとおりである。

	バリュー投資	グロース投資
手　法	割安株投資とも呼ばれ、企業のビジネス価値を分析して、利益や資産などの基準に対して割安なものに投資する。	成長株投資とも呼ばれ、企業の将来の利益成長性を重視し、業績の伸びが期待できる銘柄を探し、成長に伴って株価が上昇することを狙って投資する。
選択基準	市場平均と比べて、PERやPBRが低く、配当利回りの高いものなど。	企業の競争力評価や業績予想とともに、現在のROEの高さなどを基準にする。市場平均と比べて、PERやPBRが高く、配当利回りが低いものなど。
投資のポイント	景気の回復局面など市場環境が大きく変わる局面において、割安な株価が修正されることで大きなリターンを得られるが、割安の理由は様々であり、対象銘柄を見つけることは簡単ではない。	成功した場合は大きなリターンを得られるが、対象銘柄を見つけることは難しく、また長期間に亘って辛抱強く保有する必要がある。

ETF（上場型投資信託）の仕組み

問82　上場投資信託（以下「ETF」という）に関する説明について、正しくないものはどれですか。

A．ETFは、上場株式等と同様の取引がどこの証券会社でもでき、指値注文・成行注文が可能だが、信用取引は不可能である。

B．ETFには、運用成果が株価指数や商品指数などに連動して運用される指数連動型上場投資信託と、金価格などに連動して運用される指数連動型以外の上場投資信託の2種類がある。

C．ETFの信託報酬は、一般的なインデックスファンドの信託報酬より低い傾向にある。

D．ETFを購入するためには、証券会社に口座を開設する必要があり、証券会社を通して売買を行う。

選択肢の説明

A．不適切。ETFは、上場株式等と同様の取引がどこの証券会社でもでき、指値注文・成行注文、また信用取引も可能である。

B．適切。

C．適切。

D．適切。

正解　A

解説　テキスト第1分冊　235頁～237頁参照

ETF（Exchange Traded Funds）は、証券取引所に上場され取引されている投信信託で、運用成果が株価指数や商品指数などに連動して運用される指数連動型上場投資信託と、金価格などに連動して運用される指数連動型以外の上場投資信託の2つがあり、その大半は前者である。

一般投資家を対象とした場合、ETFの特徴は以下のとおりである。

- ・商品内容が指数に連動するため、分かりやすい。
- ・少ない資金でリスク分散ができる。
- ・証券取引所に上場されているため、価格が明らかである。
- ・通常の投資信託と比べて信託報酬などのコストが安い。
- ・株式と同じようにいつでも売買ができる。
- ・指値注文や成行注文ができる。
- ・信用取引（買建て、売建て）ができる。

ETFとインデックスファンドを比較すると以下の違いがある。

	ETF	インデックスファンド
購入窓口	証券会社	各投資信託の取扱いがある証券会社や銀行などの販売会社
購入価格	その時の取引価格	基準価格
注文方法	成行・指値注文が可能	基準価格が分からない状況で申込みをする
購入時の手数料	証券会社ごとに手数料料率は異なる	ファンドごと、販売会社ごとに手数料率は異なる
信託報酬率	一般的なインデックスファンドより低い傾向にある	一般的なETFより高い傾向にある
最低投資金額	多くは10万円程度の資金が必要（1万円程度から購入できるものもある）	1万円程度から
信用取引	可能	不可能

外国為替

問83　為替レートに関する説明について、正しくないものはどれですか。

A．為替レートは二国間の通貨の購買力によって決定されるとする絶対的購買力平価説と、一物一価の原則が厳密には成立しないとしても、為替レートは二国間の物価上昇率の比で決定されるとする相対的購買力平価説があり、現在は後者が主流である。

B．アセット・アプローチでは、異なる通貨建ての資産の期待収益率が等しくなるように為替レートが変更すると考えられ、投資家は国内外の金融市場をみたうえで、国内の金融資産と海外の金融資産の組み入れを行って最適なポートフォリオを構築し、その保有比率によって為替レートが決定されると考える。

C．為替ヘッジした場合には為替レートの変動リスクは低減できるが、短期金利差相当（＝日本円短期金利－外国通貨短期金利）のヘッジコストがパフォーマンスに影響を与える。

D．高金利通貨のスプレッドはプレミアム、低金利通貨のスプレッドはディスカウントという。

選択肢の説明

A．適切。

B．適切。

C．適切。

D．不適切。高金利通貨のスプレッドはディスカウント（先物為替レートが直物為替レートより低い）、低金利通貨のスプレッドはプレミアム（先物為替レートが直物為替レートより高い）という。

正解　D

解説　テキスト第1分冊　238頁～239頁参照

為替レートの決定理論は様々のものがあるが、代表的な理論は次の２つである。

【購買力平価説】

まったく同じ商品やサービスを購入する場合、通貨単位は異なっても同じ価値を持つという視点から、為替レートの適正水準を割り出す考え方。

短・中期の為替レートの説明にはあまり役立たないが、長期（10年以上）の為替レートの説明には有効である。

為替レートは二国間の通貨の購買力によって決定されるとする絶対的購買力平価説と、一物一価の原則が厳密には成立しないとしても、為替レートは二国間の物価上昇率の比で決定されるとする相対的購買力平価説があり、現在は後者が主流である。

【アセット・アプローチ】

現代の外国為替市場においては、短期の資本取引が支配的であるため、為替レートは金融資産（アセット）に対する需要と供給が均衡するように決まるという為替レート決定理論である。

アセット・アプローチでは、異なる通貨建ての資産の期待収益率が等しくなるように為替レートが変更すると考えられ、投資家は国内外の金融市場を見たうえで、国内の金融資産と海外の金融資産の組み入れを行って最適なポートフォリオを構築し、その保有比率によって為替レートが決定されると考える。

為替レートには、通貨の受け渡しの時期によって、先物為替レートと直物為替レートの２つがある。先物為替レートとは将来の為替レートを、直物為替レートとは現在の為替レートを表し、先物為替レートは直物為替レートと金利スプレッド（２通貨間の金利差）から決定される。

高金利通貨のスプレッドはディスカウント（先物為替レートが直物為替レートより低い）、低金利通貨のスプレッドはプレミアム（先物為替レートが直物為替レートより高い）という。

例えば、米国の金利が日本より高い場合には、直物為替レートから金利スプレッドを引くことで、先物為替レートを計算する。これをドルディスカウントという。逆に、米国の金利が日本より低い場合には、直物為替レートに金利スプレッドを加えて先物為替レートを計算する。これをドルプレミアムという。

外貨預金と為替レート

問84　期間６か月、年利2.0％の米ドル建て外貨預金に１万米ドルを預け入れた場合、預け入れ時点のTTM（顧客が円と米ドルを交換する場合の公表仲値）が１ドル＝140円、満期時のTTMが１ドル＝143円とすると満期時の円換算年利回りはいくらですか（為替手数料は片道１円、税金は考慮せず、小数第２位以下を四捨五入）。

A．△3.4％
B．△1.7％
C．　1.7％
D．　3.4％

選択肢の説明

○預け入れ時に必要な円貨：
　１万米ドル×（140円＋１円）＝141万円

○満期時の元利合計：
　１万米ドル×（１＋２％×６／12）＝１万100米ドル
　１万100米ドル×（143円－１円）＝143万4,200円

○円換算年利回り：
　（143万4,200円－141万円）／141万円×12／６≒3.4％

正解　D

解説　テキスト第1分冊　240頁参照

外貨預金の利回りは金利と為替レートの変動による損益で決まり、外貨預金の元となった円貨額と、一定期間外貨の運用後円換算した額を比べて算出する。したがって、円→外貨、外貨→円の為替手数料控除後の利回りということになる。

為替レートの変動による損失を避けるため、通貨の先物取引やオプション取引などを利用して、為替レートの変動リスクを回避することを為替ヘッジという。

為替ヘッジした場合には為替レートの変動リスクは低減できるが、短期金利差相当（＝日本円短期金利－外国通貨短期金利）のヘッジコストがかかるため、運用のパフォーマンスに影響を与える。為替ヘッジをすべきか、どの程度ヘッジすべきか、という点は、外国通貨建ての金融商品に投資するにあたり重要な戦略となる。

デリバティブ

問85　デリバティブに関する説明について、正しくないものはどれですか。

A．デリバティブ（金融派生商品）とは、元となる資産から派生して生まれた取引であり、通常の現物取引とは異なり、契約時点で取引対象の受渡しが行われないことに大きな特徴がある。

B．原資産を買う権利のことをコール・オプション、売る権利のことをプット・オプションといい、それぞれの権利に対して付けられる価格のことをプレミアムという。

C．ノックアウト・オプションとは、原資産価格がある一定の価格（ノックアウトプライス）に到達すると、オプションの権利が発生するオプションのことである。

D．スワップションとは、将来のある期日における金利スワップを開始する権利を取引するものである。

選択肢の説明

A．適切。

B．適切。

C．不適切。ノックアウト・オプションは原資産価格が一定の価格に到達するとオプションの権利が消滅する。

D．適切。

正解　C

解説　テキスト第1分冊　245頁～249頁参照

デリバティブ（金融派生商品）とは、元となる資産から派生して生まれた取引であり、通常の現物取引とは異なり、契約時点で取引対象商品の受渡しが行われないことに大きな特徴がある。元となる資産（原資産）には、商品を対象としたデリバティブ（原油、鉱物資源、農産物など）や金融商品を対象としたデリバティブ（株式、債券、為替など）がある。

デリバティブ取引には原資産取引と比較して、以下のような特徴がある。

レバレッジ効果	原資産の取得に比べて少額の資金で、原資産を保有するのと同様の効果が得られる。つまり、デリバティブを使うことで、少額の資金で大きなポジションを取ることができる。これをレバレッジ効果という。
ゼロサムゲーム	デリバティブ取引は当事者間の損益を合計するとゼロになるゼロサムゲームである。株式や債券と違い、当事者全員がプラスあるいはマイナスとなることはない。
高流動性低コスト	現物取引と比較して、流動性が高く、取引コストが低い。例えば、TOPIXに連動したインデックス運用を行うにあたり、個別株式を購入すると、高いコストと時間がかかるが、デリバティブ（TOPIX先物）を利用すれば、簡単にポジションが取れる。

(1)　先物取引

ある対象商品を将来の一定の期日に、現時点で取り決めた価格で売買することを予め約束する取引。

先物取引は、現在、世界各地にある取引所を通じて行われており、買い手は先物相場の上昇により利益が得られる一方で、売り手は先物相場の下落により利益が得られる。また、取引所が指定する一定の証拠金を預託することにより取引（預託金取引）し、反対売買により、または差額授受により決済（差金決済）する。

(2)　スワップ取引

等価のキャッシュフローを交換する取引の総称であり、特定の想定元本に対し異なる指標を用いて計算したキャッシュフローを一定期間交換する取引をいう。

代表的なスワップ取引の種類は下表のとおりである。

金利スワップ	同一通貨間で異なる種類の金利を交換する
通貨スワップ	異なる通貨の金利と元本を交換する
クーポンスワップ	異なる通貨間で金利のみを交換する
エクイティスワップ	キャッシュフローの少なくとも一方が株式に関連したものを受払いする
コモディティスワップ	商品価格と金利等を交換する
為替スワップ	直先スプレッドを通じて間接的に固定金利を交換する

(3) オプション取引

ある商品について、将来の一定の期日（期間内）に、一定の数量を予め決められた特定の価格（権利行使価格）で買う権利、または売る権利を売買する取引をいう。

対象となる原資産には、通貨、金利、債券、株式、株価指数、コモディティなどがある。原資産を買う権利をコール・オプション、売る権利をプット・オプション、オプションの権利に対して付けられる価値をプレミアムという。

プレミアムは、オプションの権利に対して付けられる価値のことをいう。通常、その価値は、権利行使価格が原資産の市場価格に近いほど、残存期間が長いほど、ボラティリティが大きいほど、高くなる。

原資産価格がある一定の価格（バリア）に到達するか否かで、権利が発生したり消滅したりするオプションのことをバリア・オプションといい、ノックイン・オプションとノックアウト・オプションがある。

ノックイン・オプションは、原資産価格がある一定の価格（ノックインプライス）に到達すると、オプションの権利が発生するオプションのことをいう。

ノックアウト・オプションは、原資産価格がある一定の価格（ノックアウトプライス）に到達すると、オプションの権利が消滅してしまうオプションのことをいう。原資産価格が満期までの間にノックアウトプライスに到達しなければオプションの権利は有効だが、ノックアウトプライスに到達するとオプションの権利が消滅する。

金利商品を原資産とするデリバティブ取引を金利オプションという。マーケットの各種金利の変動に対応した金利商品に対するオプション取引で、代表的なものには「スワップション」「金利キャップ」「金利フロア」の３つがある。

スワップション	金利スワップを原資産とし、将来のある時点におけるスワップの固定金利を権利行使価格とするオプションで、将来のある期日における金利スワップを開始する権利を取引する。
金利キャップ	オプション（キャップ）の買い手が売り手に対してプレミアムを支払うことによって、契約期間中の金利更改日に基準金利がストライクプライス（権利行使価格、キャップレート）を上回った場合に、その差額（金利差）を受け取ることができる取引。
金利フロア	オプション（フロア）の買い手が売り手に対してプレミアムを支払うことによって、契約期間中の金利更改日に基準金利がストライクプライス（フロアレート）を下回った場合に、その差額（金利差）を受け取ることができる取引。

オルタナティブ投資

問86　オルタナティブ投資に関する説明について、正しくないものはどれですか。

A．オルタナティブ（代替資産）投資とは、株式や債券などの伝統的な資産とは異なる資産への投資であり、投資対象が株式や債券などとの相関性が低いとされているため、分散投資の選択肢の一つとなっている。

B．値動きの要因や理由がわかりづらいといったデメリットがある。

C．伝統的資産と比べて売買手数料や管理手数料などの各種手数料を抑えられるといったメリットがある。

D．ヘッジファンドとは、先物取引などの金融デリバティブ（金融派生商品）などの取引手法を活用したファンドのことをいう。

選択肢の説明

A．適切。

B．適切。

C．不適切。オルタナティブ投資は、伝統的資産と比べて売買手数料や管理手数料などの各種手数料が高いというデメリットがある。

D．適切。

正解　C

解説　テキスト第１分冊　251頁〜256頁参照

投資の世界でいう伝統的資産とは、株式と債券を意味し、通常、国内株式、外国株式、国内債券、外国債券の４資産を指す。この場合の外国株式や外国債券は先進国の株式や債券を指す。伝統的資産への投資では、先進国株式は相互に相関が高く、十分な分散投資が難しいことから、分散投資やリスクの抑制のためにオルタナティブ投資が広がった。オルタナティブ（代替資産）投資とは、株式や債券などの伝統的な資産とは異なる資産への投資をいう。

一般にオルタナティブ投資における投資対象は、株式や債券などとの相関性が低いとされ、分散投資の一つの選択肢となっている。昨今は、個人投資家向けにもオルタナティブファンドなどが販売されているほか、REITや商品指数連動ETF、金、商品先物取引、差金決済取引などを活用して、オルタナティブ投資を行うことができる。

伝統的資産	オルタナティブ投資
国内株式 外国株式 国内債券 外国債券　　　など	不動産 コモディティ（商品） プライベートエクイティ ヘッジファンド インフラ投資 証券化商品 保険商品投資　　　など

オルタナティブ投資の最大の特徴は、投資対象となる資産の範囲が拡大することである。オルタナティブ投資の対象は、不動産、コモディティ（商品）、プライベートエクイティ、ヘッジファンドなどの各種ファンド、インフラ投資、証券化商品、保険商品投資など多岐にわたる。

２つめの特徴として、投資手法の多様化があげられる。オルタナティブ投資では先物取引やオプション取引、スワップ取引といった金融デリバティブを用いて、あらゆる市場の局面で収益機会が得られるように投資手法が多様化されている。オルタナティブ投資の一つであるヘッジファンドでは、先物取引、オプション取引などの金融デリバティブが活用され、相場下落局面でも収益を上げる投資手法もあり、リスクを抑制しつつリターンを高めるような工夫が行われている。ただし、パフォーマンスは、運用者の技量に依存するので、投資先の技量を良く調べることが重要である。

また、投資する国・地域の拡大も特徴の一つである。伝統的資産では先進国への投資が中心であったが、オルタナティブ投資では、新興国への投資も頻繁に行われる。

オルタナティブ投資のメリット、デメリットを整理すると次のようになる。

オルタナティブ投資のメリット	
分散効果	・投資対象となる資産の拡大、投資手法の多様化、投資する国・地域の増加が期待できる。 ・伝統的資産である株式や債券とは異なった価格変動をする資産が多い。
収益機会	・収益機会の多様化が期待できる。 ・「買い」と「売り」の両方の取引を行うことにより、金融市場のあらゆる局面で収益機会が得られる。
オルタナティブ投資のデメリット	
仕組み	・仕組みが複雑でわかりづらい場合がある。 ・ヘッジファンドなど高度な手法を用いた取引は、一般には複雑でわかりづらい。
価格変動	・値動きの要因や理由がわかりづらい場合がある。 ・ヘッジファンドなど、どういう状況で資産価格が上昇・下落するかわかりづらい。
パフォーマンス評価	・ファンドマネージャーの技量を評価する必要がある。価格の妥当性の目安となるベンチマークがないものが多く、パフォーマンス評価が困難。 ・株式のPERのような資産価格の目安・基準となるものがないものが多い。
取引コスト	・伝統的資産と比べて売買手数料や管理手数料などの各種手数料が高い。
流動性	・流動性や換金性が低く、思ったようなタイミングで売却できない場合がある。

代表的なオルタナティブ投資をあげれば下表のとおりである。

①不動産 ・実物不動産、小口化商品、上場REIT、不動産投資信託などに投資する。
②コモディティ ・貴金属、産業用金属、エネルギー、農産物、畜産物などに投資する。
③プライベートエクイティ ・未公開株に投資するファンドのことをいう。 ・ベンチャー企業に投資するベンチャーキャピタル、企業を買収して高い企業価値を持たせてから売却するバイアウトファンド、経営不振の企業の立て直しを行う企業再生ファンド、経営破綻したあるいは経営破綻しそうな企業の株式を買い取るディストレストファンドなどがある。 ・簡単にはファンドから退出できない特徴を持つので、最低10年の長期投資を覚悟する必要がある。
④ヘッジファンド ・先物取引などの金融デリバティブ（金融派生商品）などの取引手法を活用したファンドをいう。 ・投資戦略を大きく分けると、相場見通しに基づいて投資を行うディレクショナル（方向性）戦略、銘柄間などの相対的な価格差に着目して割安な銘柄を買い割高な銘柄を売るレラティブバリュー（相対価値）戦略、企業買収などのイベントに着目して利益を狙うイベントドリブン戦略などがある。
⑤インフラ投資 ・経済や社会の基盤となるインフラ施設に直接的・間接的に投資することをいう。
⑥証券化商品 ・不動産、ローン、債権、知的財産権、事業など収入（キャッシュフロー）が見込まれる原資産を裏付けとして発行された証券が商品化されたものをいう。 ・不動産関連ローンを裏付けとするMBS（不動産担保証券）、社債や金融機関の事業会社に対するローンを裏付けとするCDO（債務担保証券）、MBSやCDOに分類されない資産を裏付けとするABS（狭義の資産担保証券）などがある。
⑦保険商品投資 ・生命保険や損害保険に連動する保険リンク証券などに投資することをいう。 ・再保険・再々保険、証券化の仕組み、金融デリバティブの仕組みなどを使って損害保険や生命保険のリスクに投資する。景気動向などにリターンが左右されないことが特徴である。

プライベートバンキング資格試験対策問題集
（第１分冊）

2024年１月23日　初版第１刷発行

発行所 — ときわ総合サービス 株式会社
〒103-0022　東京都中央区日本橋室町4-1-5
共同ビル（室町四丁目）
☎ 03-3270-5713　FAX 03-3270-5710
https://www.tokiwa-ss.co.jp/

印刷／製本 — 株式会社サンエー印刷